现代社区教育发展探究

王琳 著

吉林人民出版社

图书在版编目 (CIP) 数据

现代社区教育发展探究 / 王琳著 . -- 长春 : 吉林
人民出版社 , 2022.11
ISBN 978-7-206-19674-4

Ⅰ . ①现… Ⅱ . ①王… Ⅲ . ①社区教育－研究－中国
Ⅳ . ① G779.2

中国版本图书馆 CIP 数据核字 (2022) 第 255775 号

现代社区教育发展探究
XIANDAI SHEQU JIAOYU FAZHAN TANJIU

著　　者：王　琳
责任编辑：张　草　　　　　　　　封面设计：袁丽静
吉林人民出版社出版 发行（长春市人民大街 7548 号）　邮政编码：130022
印　　刷：石家庄汇展印刷有限公司
开　　本：710mm×1000mm　　1/16
印　　张：11.75　　　　　　　　字　　数：200 千字
标准书号：ISBN 978-7-206-19674-4
版　　次：2022 年 11 月第 1 版　　印　　次：2023 年 1 月第 1 次印刷
定　　价：68.00 元

如发现印装质量问题，影响阅读，请与印刷厂联系调换。

前　言

　　社区是社会管理创新的前沿阵地，社区建设是加强和创新社会管理体系的重要抓手。我们只有把社区建设放到社会管理创新乃至国家治理体系和治理能力现代化的大背景下，才能对社区建设有更深入的理解和把握。社区文化建设和开展社区教育也是如此。随着社会发展，社区建设日益受到政府及社会各界的关注。我国的社区建设正在朝气蓬勃地向前推进。与此同时，关于社区的学术研究日益活跃，学者们在社区建设的许多方面达成了共识。社区建设对于构建和谐社会有着极为重要的意义：社区建设应该与国家强大和经济发展同步；社区建设要"以人为本"，满足人的需要、提高人的生活质量、营造健康而充满活力的社区环境；社区建设要依靠政府和公民的良好互动，社区居民参加社区建设的积极性是社区建设的生命力所在，政府的支持、指导、帮助和协调是实现社区建设健康可持续发展的保证；等等。

　　在当代社会，社区教育成为实施终身教育和建立现代社会教育体系的一种很好的教育组织形式，是从传统的学校教育发展为社会教育的一种全民教育的观念和过程，即为社区全体居民提供各种教育与学习的活动，实现"全民参与，资源共享"的教育愿景，使学校教育与非学校教育一体化，形成一个完整的、实施于人生的社会化教育过程。从某种意义上讲，教育正是通过"社区化"进而实现"社会化"的。总而言之，社区建设的一个重要方面就是社区教育。社区教育是终身教育的具体形态和切入点，也是建设学习型社会不可或缺的一环。终身教育体系的构建没有社区教育的普遍开展是不可想象的。社区教育的发展不仅是改革开放的结果，更是经济发展、社会进步的体现，是完善国家治理体系和实现治理能力现代化的必然结果。

　　本书试图详尽地研究我国的现代社区教育，为此参考了大量文献资料，在此对其作者表示诚挚的谢意！由于笔者能力和水平有限，书中难免存在错漏和不当之处，恳请广大专家、学者、同行和读者批评指正。

目　录

第一章　社区教育概述

第一节　社区及社区教育的内涵

一、社区的内涵

社区指的是拥有一定独立性、比较平稳的地域范畴或集中居住的地方，它的主要特性就是地域性。"社区"这个词最早出现在一本名为《东西方村落社区》的书中，它是 H.S. 梅因（英国学者）在 1871 年出版的图书，到 1887 年，斐迪南·滕尼斯（德国哲学家、社会学家）声称自己站在社会理论研究的立场上分析了社区的含义并将其写在《共同体与社会》这本书中，这是历史上第一次详细解析社区的含义。美国社会学家、芝加哥大学社会学系教授罗伯特·E.帕克在此基础上，第一次清楚地规定了社区的真正定义：它是现代社会文明发生根本变化最基本的单位。1930 年年初，费孝通和燕京大学的学生在翻译"Community is not Society"时，将其中的"Community"翻译为"社区"，这是我国第一次出现"社区"这个词语，后来这个翻译被中国社会学界广泛使用，至此社区正式成为专有词汇。

社区在现代社会中代表由许多人组成的、具有一定独立性的生活共同体，所有社区成员共同生活在统一区域中，相互之间的关系是依靠且紧密的。"社区"的定义并不统一，许多人文社会学的专家研究后赋予它各种形式的定义，如罗伯特·E.帕克指出，社区是由许多生活在圈定范围内的人们聚集后形成的，这种聚集除了人以外，也包含各种组织制度。① 这些组织制度包括政治制度、文化制度、经济制度以及生态制度；而日本学者横山宁夫有不同的观点，他指出，社区是在固定的空间范围内组建的，既相互约束又相互关联的有机整体。② 国内许多学者对于社区的精准定义同样持不同意见，如费孝通指出，社区就是在某个地域范围内，许多社会组织或群体一起组成的相互联系的整体，人们生活和制度的集合点就是社区。③ 徐永祥将社区与社会群体、城市、国家依次区别开，最终得出结论：社区就是一些居民在某个地域上组建的，借助文化以及内在关联维持的生活共同体，最根本的元素有人民、地域、文化以及组织结构。④

显而易见，学者都是依照自身研究的要求，站在自身立场上赋予了社区各式各样的定义。本书中社区指的是一定数量的居民集体生活在特殊的区域中，借助居民之间存在的内在互动联系以及相互作用组建的拥有地域性特点和社会生活系统的有机整体。

二、社区教育的内涵

社区发展和社区教育有十分重要的关联。20 世纪初，美国教育家杜威第一次正式应用"社区教育"（Community Education）这个词语。由于世界各国的状况不同，实践社区教育的情况更不相同，纵观整个历史，社区教育都是发展的、动态的，人们对社区教育的理解自然也不相同，甚至差别很大。比如，金辉指出，社区教育是为达成发展目的，通过一定手段作用于社区所有居民，并使居民达到身心健康的全过程；厉以贤指出，社区教育就是为达成发展社区的目的，举办一连串具有社区性质的教育活动，提升所有居民生活质量和综合素养的过程。⑤ 马丁指出，社

① 张冉 . 党建引领社会力量参与社区治理——基于上海浦东新区的实践探索 [M]. 上海：交通大学出版社，2021：3.

② 尹保华 . 社会学概论 [M]. 北京：知识产权出版社，2018：214.

③ 尹保华 . 社会学概论 [M]. 北京：知识产权出版社，2018：257.

④ 孙荣等 . 改革开放四十年上海城市社区治理的制度变迁研究 [M]. 上海：复旦大学出版社，2019：14.

⑤ 杨昌勇，郑淮 . 教育社会学 [M]. 广州：广东人民出版社，2005：214.

区教育是为实现所有人更健康、更富足的生活开展教育手段的过程；[①] 它是改革现在的教育制度，帮助弱势群体接受教育的过程；它还是将社会上的弱势群体聚集在一起并开展教育，增强他们自身的各种能力，实现价值的提升。

社区教育就是为了保证所有居民的利益以及推动当前地区社会和经济的高速发展，在特定地域中运用各种教育资源举办教育活动的全过程。换言之，就是以社区为基础，在社区的区域内运用所有可用的教育资源对所有居民开展各式各样的教育活动，提升居民的综合素养，推动社区经济的发展，改进社区乃至整个社会的教育环境，创建终身性质的教育机制，组建全面学习型社区，实现和谐社会的全面发展。基于这个定义，社区教育一定具备以下条件：准确的地域范围，多阶段的教育对象，各种形式的教育资源、教育内容以及教育活动，多样化的最终目标。

社区教育和学校教育有很大区别：第一，摆脱了学校教育的地域限制，不必局限在校园这种固定空间，不管是基层还是高层，只要在社区就能接受教育，同时衍生出特殊的功效，通过社区教育可填补自身的缺陷，更好地适应社会的发展变化，以及坚持学习、终身学习的教育制度。第二，能发挥促进作用。社区教育能提高社区居民的道德素质和文化素养，打造文明社区，推动和谐社会稳步前行。第三，能体现人文关怀。如今，生活在城市的人们普遍都面临着巨大的心理负担和生活压力，很容易产生心理疾病，而社区教育可以选择恰当的教育形式驱散社区居民的负面情绪，一定程度上减轻人们的压力和负担。

近些年，社会不断发展和进步，建设和谐社区的理念更是深入人心，人们逐步转变传统教育理念，渴望获得再教育。社区教育的实践活动在许多社区如火如荼地进行着，最终形成的社区教育形态是多种多样的。当前城市社区教育常见的形式有三种：

第一种依托学校开展社区教育。学校是这种社区教育形式的核心，但它与传统学校不尽相同，它可以长时间对外开放，居民可随时接受教育，而且还能为任何年纪的居民提供教育服务，如健康教育、娱乐活动、

---

① 贺祖斌．2015 中国远程高等教育专题研究报告　社区教育发展 [M]．南宁：广西人民出版社，2016：13.

校园课程、职业培训、社会服务等。这种形式的社区教育需要成立对应的委员会，主要成员包括社区政府、社区的相关单位和企业、社区学校，委员会全权管理和服务所有教育活动，达成社会教育、家庭教育和校园教育三位一体的终极目标。

第二种是依托社区开展社区教育。这种形式最核心的机构就是社区，以社区为中心，发挥街道办事处和区政府的领导作用，在社区相关企事业单位和各类学校的积极配合下，组建社区教育委员会，尽全力为社区各类居民群体（未成年、在职人员、老年人、下岗职工）举办各式各样的短期教育培训。

第三种是组建综合性学校并以此为基石开展社区教育。组建综合性的学校并面向所有社区居民开放，借助现有社区教育资源，推动居民再教育，创造更多效益。

农村，主要依靠学校开展社区教育，如现存的学校、自行创建的培训中心（开展社区教育以及成人教育）等。当前农村开展社区教育主要有五种形式：第一种是创建教育培训中心。在当地政府的支持下，借助现有教育资源创建一所社区性的、综合性的、公益性的、多种效能的教育培训中心，所有居民都能在此接受教育。第二种是在各个乡镇组建电大学习中心。开展社区教育，如专家讲座、现场指点等。第三种是创办学习型团体。乡镇企业是农村经济至关重要的组成部分，乡镇企业大力创办学习型团队，不但能使企业职工知晓新型观念、掌握先进技术，还能提升企业的核心竞争力。第四种是借助"为农综合服务站"，落实科教兴村战略。在农村创办"为农综合服务站"，如举办技术培训和知识讲座活动、创建学习型团体等，内容充实，获得了大家的认可。第五种是举办农业转行或创业培训。对于劳动力充裕的村子，可以鼓励人们创办私营企业，也可以开办各种传授实用技术的短期培训班，将多余劳动力转变成技术能手，创办新产业。

社区教育不但能影响社区经济的发展，是我国教育事业发展和昌盛的关键，还能推动创建终身教育机制的相关进程，达成学习化社会的目标。社区教育作为我国教育机制的重要组成部分，是在社区的基础上为社区服务、为居民服务，通过特殊的教育方式满足居民不断增长的精神需求和物质需求。

三、社区教育发展的理论基础

（一）终身教育理论

随着社会逐步迈入经济时代，人们在学校学到的知识逐渐不能满足自身日益增长的生活需求，人们迫切希望学到各种各样的知识。这种要求符合社会发展的相关规律，促使人们创建终身教育机制，全方位提升居民的生活质量和综合素养，所以，创建社区教育机构迫在眉睫。1965年，法国成人教育家保罗·朗格朗第一次提出终身教育的理念，这一理念一经现世，立刻引发当时教育界的争论，它推动了当时教育理论的改进和发展，这种观念和传统的教育理念截然不同，远远超出传统的范畴，甚至被人们戏称为开启光明新时代的唯一途径。吕埃格指出，终身教育能促使人们在学习过程中时刻运用批判性思维思考学习的目的，是理想化、完美化的学习理念。[①] 终身教育囊括多种教育，如生活教育、职业教育、职前教育、职后教育、正规教育以及非正规教育，它具有独属于自身的特殊性质，如自律性、多样性、主动性、整体性以及唯一性。无数的专家都对其赋予自己理解的定义，虽然内容并不完全相同，但所有定义都涵盖了终身教育的关键意义，即它是一种新型的教育制度，有着独特的教育理念和教育思维，是在现有基础上进行提高和精炼后得出的先进制度，是完善现有制度、创建未来制度必须遵循的准则，它打破了传统教育的时空束缚，使人终其一生都在追求学习和教育。另一个层面彰显了个人的发展和社会进步密不可分，不但有利于个人发展，还能促进社会进步，最终实现双赢。2000 年之后，终身教育作为新型教育观点、生存观点登上历史舞台，并迅速传遍世界，它不只改变了传统的教育理念，更为教育增添了新的定义，如今，终身教育正式成为国际现行教育范畴中最时髦的教育潮流和观念之一，许多国家已经开始实践。英国政府明确规定终身教育的地位关乎未来英国在世界中的国际地位。1995 年，我国公布相关法律，详细规定了终身教育在我国教育事业实现改革和进步中的法律地位，加快实现了终身学习和教育法制化。经过我国政府的

---

① 杨晓 . 国际终身教育的基本原理研究 [M]. 大连：辽宁师范大学出版社，2006：215.

大力支持以及社会各界的全力配合，终身教育观念逐渐实现体制化、本土化。

社区教育是在终身教育的基础上开展的新型教育，想要创建终身教育机制，最关键的方法就是大力推行社区教育，两者存在许多共同点。一方面，两者都具有明显的人本性质，体现人文关怀。人类和教育之间是紧密相连、相互依靠的，人类从出生就需要接受教育，它能启迪智慧，促进人的全面发展。相对来讲，社区教育和终身教育基本没有出现好高骛远、工具意识的相关活动，充分展示了教育具备的人文关怀和人本性质。另一方面，社区教育和终身教育都不是常规教育，而是新型的教育机制，具有独特的教育形式，社会性、开放性是其关键特点，它们自主定位、自由行使教育功能，使所有人都能接受同等的教育。但两者也有不同点，社区教育更注重社会和全民的教育，而终身教育注重推行社会化教育，两者不但有交点还有各自的立足点，在保证自身特性的基础上实现共同发展。

大力推行社区教育发展对终身教育发展有促进作用。首先，社区教育使人获得全方位进步，相当于展现了终身教育的人文关怀和观念。人只有不断地进步和发展才能更好地生活，否则生活毫无意义。社区教育主要展示关爱个人，教育个人；终身教育展示的是人在生命范畴内不断接受教育和关爱。其次，社区教育能促进社区和谐、居民和谐，进而推进和谐社会建设，达成与终身教育同等的价值和目的。社区教育以实现居民和社区和谐为中心，为实现和谐社会打下坚实的基础。教育不但能提升人们的道德水平，发扬科学精神，还能逐步培养人们掌握文明、健康的生活方式。当前很多社区教育都在开展特殊的实践活动，即增加居民心理健康教育，着重使用语言劝解、心灵沟通以及人文关怀的方式，实现心理和谐。增加居民心理健康教育，建立并完善心理咨询网络，为居民提供全方位的心理咨询以及心理疏导服务，使居民在面临荣誉、挫折、困难时保持良好心态，正确看待社会、他人以及自己，增强居民自信心和自尊心，养成积极向上、理智、祥和的心态。

当前社区教育的对象主要是社区居民，但站在终身教育的立场分析，社区教育也要与时俱进，社区和谐文化要符合社会主义核心价值观，必须将其完美落实到社区教育的各个环节，从这一点出发，发展社区教育，就是发展终身教育。

（二）学习化社会理论

1968 年，学习化社会理论首次出现在大众视野中，是由美国教育家罗伯特·哈钦斯提出的。英国也有专家指出，学习化社会只是在终身教育观点上提出的一种新设想，属于理想化社会，在这个社会中，所有人都有机会接受各种各样的教育，激发自己的潜能，获得全方位发展。胡梦鲸指出，学习化社会是在终身教育观点上创造出的一个所有人终其一生都能学习的理想社会。[①] 创造这个社会的根本目的就是让所有人拥有好的学习氛围，实现个人乃至社会的全方位发展。虽然人们对学习化社会的定义并不相同，但都在努力描绘它的全貌，由此可知，其主要内容是在打破现有学校教育制度束缚的基础上创建终身教育制度，学习是所有人最根本的权利，知识散布在社会的每个角落，所有人必须把握机会，积极参与到学习中，不但能促进个人发展，还能推动社会进步。

社区教育是实现学习化社会的基石，是实现终身教育的有效路径。大力开展社区教育，所有人都积极学习，能促使社会形态发生跨越，从而推进学习化社会建设。在学习化社会中，一切都要学习化，学习化社区、学习化家庭、学习化个人，社区教育使所有居民都获得学习机会、满足其学习要求，居民就转变成学习化个人，家庭转变为学习化家庭，社区就成为学习化社区。

（三）社会教育理论

1835 年，社会教育理论首先由德国教育家第斯多惠记录在《德国教师培养指南》中。社会教育理论持续发展，1880 年德国的教学观念从传统的心理教育学转变成社会教育学，1920 年，德国推行"社会教育运动"。社会教育的发展历史十分悠久，内涵丰富，各个国家在理解社会教育内涵的基础上赋予了对应的定义，但有一定差别，如德国社会教育学家贝尔格曼指出社会教育的对象是社会整体，必须从社会各个层面切入，社会利益是其根本。在日本，社会教育观念十分兴盛，教育理论界认为社会教育不属于家庭教育和学校教育，而是两者的延伸，即在两种教育以

---

① 马健生，孔令帅．学习化社会高等教育的使命[M]．太原：山西教育出版社，2010：16．

外开展的所有形式的教育（有组织、有目的、有计划），它借助个人、团体乃至国家创办的种种培训机构，为所有人提供接受教育的机会，使他们自主学习，同时提升国民和社会的文化水平及综合素养。我国的社会教育是在传统文化的基础上，结合本国实际，创造出中国特色社会主义的教育，发展前景无限。蔡元培先生是我国推行社会教育的先驱，他指出社会教育对补习教育和成人教育有积极促进作用；[①] 陶行知提出生活即教育观点，指出社会就是一个大型学校，生活中处处有教育的内在，这种观点同样属于社会教育，还是在实际民情和国情基础上得出的、独特的教育。[②]

社会教育是独立在正规教育体制外的，政府领导、社会团体及个人辅助的，通过创建和应用各式各样教育机构和设施，使所有人民接受的，有组织、有目的、有计划的教育，它具备特殊的功能、性质和优点，可弥补学校教育的缺陷，两者无法相互替代。

四、加强社区教育发展的必要性

社区教育通过制订详细的计划并完整落实的方式履行自己的职责，如改进社区环境、提供相关服务等，它还能为社区居民遇到的各种问题提供解决方案，并提供学习机会，从而提升社区居民的生活水平。

社区教育和其他教育有一定差别。第一，属于整合性教育。开展社区教育就是希望社区所有居民能够接受教育，努力学习，与社区一起进步，乃至为了社区进步而奋发向上，由于它的教育对象并不是相同年龄、层次以及文化水平，教育方式自然具有极强的整合性。第二，能使人们和谐相处。社区教育的教育对象地位是平等的，机会是平等的，不分性别也不分信仰、文化、民族，还会促进不同群体之间相互帮助，公平对待，甚至会额外照顾弱势群体，如身体残疾人员。第三，能增强居民的参与感。社区教育通常会在社区中开展，社区所有居民是主要的教育对象，必须尊重居民的合法权利，对居民的建议做到仔细听取、细心采纳、坚决落实。第四，具有多维性。社区教育并不意味着只加强教育，

① 田正平. 传统教育的现代转型 [M]. 杭州：浙江科学技术出版社，2013：308.
② 王晓璇. 社会教育：中国近代教育探索的本土之路 [M]. 沈阳：辽宁人民出版社，2018：225.

所有能促使社区进步的工作都要开展，如举办社区活动，提出一些有建设性的、居民平时离不开的教育方法。第五，能推动社区经济发展。开展社区教育可以使居民在学习过程中提升自我，增强自信心，下岗职工学习后能寻找新的工作，甚至自主创业。第六，弥补了学校教育的缺点。社区教育在一定程度上可弥补学校教育的不足，实现理论和实践的有机结合。

社区教育是我国现代国民教育制度中一种刚刚兴起的教育形式，是创建终身教育、打造学习化社会的关键步骤，它能推动社会稳步前进，真正意义上实现和谐社会。所以，对社区教育而言，政府必须逐步提高重视程度，增强领导和管控力度，保证对应的运行制度和管理制度平稳前行，大力发展社区教育刻不容缓。

第二节 社区教育责任的实现

一、社区教育责任的内涵

"社区教育责任"是一个全新的概念，是详细剖析和深层领会社区的教育责任并完美达成的根基和核心。从字面分析，它包括社区、教育以及责任。可以将其整合成多个概念，如社区教育的责任、社区的教育责任以及社区的教育的责任，后两者的概念基本相同，前者指的是社区教育需要履行怎样的职责，主体是社区教育；后两者指的是社区在教育过程中需要履行怎样的职责，主体是社区，教育是内容。本节主要介绍"社区的教育责任"。

教育可分为广义教育和狭义教育。广义教育指的是所有提升人们知识技能、综合素养、身体素质的教育活动；狭义教育一般指学校教育，即在一定范围内进行的体系化、制度化、规范化的教育活动。社区属于社会实体，囊括了生活在社区区域范围内的所有社会组织和群体，鉴于社区主体的特异性，本节主要研究广义教育的相关活动。

社区的教育责任指的是生活在固定区域内的所有社会组织和群体在接受社会生活以及社会关系教育的过程中需要作出一定行为或达到某些要求。显而易见，社区是其责任的主体，广义教育的相关活动是其责任的内容，可从下列几方面来分析并理解它的内涵。

首先，社区并不是一个单独的个体，它代表了生活在固定区域内所有的社会组织和群体，所以，在分析过程中可将社区看作一个整体，即社区的教育责任就是社区内所有组织以及居民的教育责任，担负责任时也是社区内所有组织和居民一起分担。

其次，社区在地域、资源、人口数量、文化等方面存在一定的差别，在探讨社区的教育责任时，必须以所有社区具备的普遍性质为基础，同时探讨实现社区教育责任的相关问题。

最后，社区教育责任的主要内容为广义的教育活动。由于社区本身就包含许多的社会组织和居民群体，所以，从教育对象和教学方式角度来看，社区教育和学校教育有极大区别，社区教育活动必然属于广义教育活动，教授的知识和学校教育也不相同。

二、社区教育责任实现的原则与路径

社区教育责任实现过程中必然要面临各种各样的、错综复杂的困难，所以必须要遵守一定的原则，才可以对出现的各种情况，进行从容应对。

（一）社区教育责任实现的原则

1.有限性原则

有限性原则指的是责任主体由于多个元素的限制只能在有限程度和范围内影响责任客体。社区教育责任的责任主体是社区，它能为教育发展增添新的力量，即社区的力量，推动教育活动向深层发展。发挥社区的责任能力往往会受到社会多种因素以及自身的影响。所以，责任实现过程中必须遵守有限性原则。

它包含两层含义：第一，社区自身能力有限。社区是一个社会机构，拥有多项职责，担负的责任也十分复杂，机构本身并不具备丰富的资源（财力、物力和人力），但开展任何一项教育活动都需要大量的资源，从而导致社区能力有限。因此，要摒弃社区担负教育责任的虚假幻想，不能寄希望于社区来解决社区教育发展以及教育发展遇到的一切困难。第二，社区教育的服务内容有限。社区教育是社区的教育责任的主要内容，但社区并不能负担社区内部一切的教育责任，详细内容需要结合教育需求以及社区发展决定。

2. 多样性原则

多样性原则指的是责任主体在每种社会关系中都饰演一种角色，承担一种责任。由于社会关系的多样化，责任主体承担的责任同样呈现多样化。由于每个社区所处地理位置、具备文化内涵以及生活观念都不相同，所以，在责任实现过程中同样具有多样性特征。

多样性原则包含两层含义：第一，社区承担教育责任的层次呈现多样性。社区在举办教育活动时，一定要以自身的长处为基础，借助社区本身的特性和优点，有区别地、分层次地承担教育责任。比如，社区周边有师范类高校，在负担教育责任的过程中，可以借助师范大学的教育资源开展教育活动，开办专业化的教育培训等；如果没有高校，社区也可以依靠当地的地域和文化资源举办针对性的教育活动，如社区周边有法院，可以定期举办法律讲堂、为居民提供法律援助等，提升社区居民的法律素养和法律意识。第二，社区承担教育责任的内容呈现多样性。社区在履行教育责任的过程中，教育的内容和形式同样具有多样性特征，因为需要面对不同年龄段、不同文化水平的居民，采用的教学方式和内容也不相同。比如，教育对象为在校生，社区要开展生存教育、生活教育、道德教育等学校教育之外的教育活动；教育对象为下岗职工，社区主要举办职业培训、技能培训等；教育对象为全职主妇，社区可开展科学育儿、儿童急救、家庭安全等教育活动；教育对象为退休员工，社区只需要开展各式各样的娱乐休闲活动即可。

3. 协同性原则

协同性原则指的是多个责任主体为有效承担和实现某一个具体责任时，进行协同工作，从而实现目标。社区教育责任实现过程十分繁杂，且需要的时间很长，所以，只依靠社区的教育人员和工作人员根本无法完成，分工协作是必然选择，只有这样才能保证责任的完美实现。

协同性原则包含三层含义：第一，社区之间开展协同工作。每个社区拥有独特的特点和优势，在实现教育责任的过程中遵守多样性原则，为了避免社区在承担教育责任过程中出现责任交叉、重叠以及浪费资源现象，同时提高社区承担教育责任的有效程度，建议各个社区可以分工协作，分层次、分模块、分种类地举办教育活动，为教育责任实现出一份力。第二，社区和学校之间开展协同工作。只依靠社区力量实现社区教育责任的过程必然十分艰难。社区教育是在社区区域内开展各种教育活动，社区更清楚社区教育的历史、现在以及未来，但是单凭社区一己之力根本无法实现教育责任。所以，社区必须加强和学校的紧密联系及沟通，实时掌握教育过程是否连续、教育内容是否合理以及居民对教育结果的反馈，并进一步改正，从而更好地履行教育责任。第三，社区内部各成员开展协同工作。社区中居民的数量是最多的，也是最关键，每个居民都拥有独属于自身的社会身份，如某行业专家、工人、教师等，而不同的社会身份代表拥有不同的技能，居民分工协作相当于社区教育接受各种技能辅助。社区不但包含居民，还有大量的社会组织，它们同样可以实行分工协作，为社区教育贡献自己的力量，如社区中企事业单位、社区学校、社区居委会等，都可以在社区开展教育活动过程中提供财力、物力、人力以及相关政策，从而推动社区的教育责任实现。

（二）社区教育责任实现的路径

实现社区的教育责任的道路很漫长、很艰难，需要社区不断地改进、前行和探索，只有这样，才能真正地走出一条稳步前行的道路。实现社区的教育责任最真实的意义体现就是实实在在地、稳步地举办各式各样的教育活动，它是由三个根本要素组成的完整系统，即树立责任意识、建立责任机制、落实责任行为。

1. 内在机制：树立社区教育责任意识

社区教育责任意识指的是在社会关系和实际生活中，作为责任主体的社区在解决各项事务的过程中，必须明确自己承担的促进教育发展和改革的相关责任。只有具备优秀的责任意识才能更好地实现教育责任，增强责任意识可从下列两个角度入手：

第一，提升社区的理性自觉。责任意识属于人类的精神活动，是人类基本情感的一种，它的形成是基于人类的理性以及个人理解，社区作为责任主体必须对自己所担负的责任有更清晰、更深层的把握，才可以不断加强自己的责任意识，积极担负自己的责任。所以，提升社区的理性自觉，相当于变相提升社区的责任意识，使其更明确自己担负的教育职责，从而推动教育责任实现的建设进程。

提升社区理性自觉的方式有很多种。例如，社区可以发表相关的舆论并借助各种渠道大力宣传，主要内容包括社区举办的各种教育活动的形式、意义、目的以及重要性，使所有社区组织和居民都能清楚地了解社区的教育效用、手段、路径和目的，从而重视、理解、支持、相互合作，推动社区实现自身的教育责任，使社区教育责任处于一个良好的氛围中；对于社区领导、社区非政府组织、社区教育委员会等社区管理者以及社区团体来讲，可以充分发挥自己的领导作用和团队影响力，使居民积极主动地参与社区举办的各类教育活动，全方位地了解社区开展的教育活动，从而提升居民个人综合素养，推动社区发展，进而清楚居民以及社区组织需要担负怎样的教育责任。

第二，增强社区的情感和意志。社区是社区教育责任的责任主体，想要树立责任意识必须保证责任主体具备极其坚定的意志。责任意志是人类感性情感的外在体现，当责任主体对责任对象的责任情感极其猛烈时，同样会生出极强的责任意志，变相地提升责任主体的责任意识。所以，社区拥有坚强的教育责任情感和意志，对树立责任意识有很大帮助。

社区组成的过程中最关键的因素就是居民拥有相似的生活背景、文化背景以及对社区文化极强的认同感。想要加强社区的情感和意志，可以从居民的社会责任感以及相似的文化背景和生活背景两方面着手，指引居民积极参加各种教育活动，在此过程中增添许多社区教育责任的概念，加深居民对社区担负的教育责任的认知，使其逐步产生一定的认同感，真正地实现社区的教育责任。

树立良好的社区教育责任意识只是防止社区不愿担负教育发展责任的情况发生。社区是教育责任的责任主体，树立良好的教育责任意识很重要，社区要详细地了解自身的教育责任，并以此为基础进行适当的内化更重要。如果社区在承担教育责任的过程中拥有极强的责任意识，且对教育的发展和改革以及社区的发展都有深厚的情感，在实现社区教育责任的过程中，社区所有居民和组织都会贡献自身作为责任主体的全部力量。

2.外在机制：建立社区教育责任制度

为判断实现社区教育责任推进到何种程度，必须制定一套完善的、合理的评判标准。社区的教育责任本身就很繁杂，既包括道德责任，也包括法律责任，可能具备某种社会伦理关系，在某种程度上也具有强制性。

由于社区的教育责任成分复杂，所以在制定对应评判标准时，不但要通过法律、法规、制度本身的强制性规范社区的所作所为，还会制定恰当的监督制度监管社区。

政府可以出台一系列的地方性政策条例来充当社区教育责任制度的评定标准，同时还能稳步推进实现社区教育责任的建设进程。社区中开展的一系列教育活动都是非营利性的，政府可以将社区教育的发展和规划纳入城市法治建设中，实施统筹管理，出台一些拥有当地特色的、符合当地实情的、有益于社区教育的政策和条例，引导社区实现对应的教育责任。在社区一步步推进教育责任实现的进程中，应用的所有与社区教育有关的组织条例、暂行规定、工作章程也要及时更新，政府必须在了解真实情况的基础上及时地修正和改进，使其时时刻刻都和社区举办的教育活动相吻合。

为了保证高效实现社区的教育责任，不仅要制定对应的法律制度，还要制定恰当的监督制度。这种监督制度可以通过应用分析、评价、考核的方法来实现，并通过问卷调查、随机访问、活动展示等各种形式合理评价社区开展的种种教育活动，充分发挥教育评价的多项功能，如调节目标、分析问题、实施激励、充当导向等，激起居民实现社区教育责任的激情，同时判断在责任实现过程中遇到的问题，并及时解决，保证责任实现过程平稳、科学、合理地推进。监督制度的评估对象不仅仅包含社区教育人员和工作人员，居民的认同感、社区的人文环境和教育环境都属于评价和监督的范围。

3. 行为保障：落实社区教育责任行为

哈耶克曾经指出，当社会是自由的，某个人证明自己的价值、获得相应酬劳的方式，与他自身具备的抽象的想法和技术没有关系，只有将其转化成实际的服务并提供给可以给予自己回报的有能力的人，才会真正获得对应的价值和酬劳。① 所以，社区不仅要树立教育责任意识，充分履行自身的教育责任，更要在此基础上将教育责任贯彻到社区举办的所有教育活动中。

---

① 哈耶克.通往奴役之路[M].王明毅等译.北京：中国社会科学出版社，1997：21.

落实社区教育责任行为就是要求担负社区教育责任的主体必须踏实做事，认真解决问题，制订一千条计划都不如踏实执行一个计划，不但要听其言，还要观其行，责任行为是责任能力以及责任意识的基础，脱离前者，后两者就是一句空话。具体的责任行为有：

第一，创建数字化网络学习平台。当前已经步入信息化社会，数字化学习（网络化学习）成为新兴起的教育模式。数字化学习的资源主要从网络中获取，比传统学习更加方便、快捷，且学习成本更低，数字化学习更讲求个性化，且学习的时间和地点不受限制。

第二，社区可分别举办特色教育活动以及常规教育活动。社区可在社区学校举办各种各样的教育活动，主张打造学习化城区的区级领导小组主动调配相关部门、乡镇街道、驻地单位以及各个社区和村庄积极参与各种贴近生活、有鲜明主题的大型讲座，如政策法规、知识科普、音乐体育、健康保健、书法绘画、人文历史、旅游民俗、文明礼仪、生活百科、动植物养护等，甚至可以要求相关单位制作排班表，每月上报一次，确保举办的大讲堂活动周周精彩、月月不停，同时要注意资料的收集和总结以及居民的反馈，及时修改活动内容。对于在职人员主要开展教育培训，内容涉及文化生活、业务理论、时事政治等，可以提升在职人员的业务水平和技能水平；对于残疾人员、享受低保人员以及下岗职工这类社会弱势群体，主要进行生活技能培训、就业培训以及创业培训，提升他们的生活技能，有利于再次就业乃至创业；对于社区以及乡村居民，主要进行安全和科学技术方面的培训，如食品安全、消防安全、防震减灾、避震避险、科技教育等，不但提升居民的安全和防范意识，还能激发他们学习先进科学技能的兴趣；对于全职家长以及中年、青年妇女等，主要进行子女教育、安全以及心理健康方面的培训，如科学育儿、学校与家庭教育、青少年心理和生理安全、女性健康知识等，使家长与孩子可以友好沟通，从而更科学地教育子女，保证子女生理安全和心理健康；对于老年人以及退休人员，主要举行健康和娱乐方面的培训，如糖尿病预防、老年书画等，以提供服务为第一要素，提高他们的生活品质。所有的教育培训活动，都是为了提升居民的综合素养以及思想道德品质，推动实现社区教育责任。

第三，大力拓展社区教育资源。社区教育讲求"全程、全员、全面"。所谓"全程"指的是社区开展教育活动要覆盖居民认识的所有阶段，贯穿一生，它包含婴幼儿教育、青少年教育、在职教育、成人教育、中年教育以及老年教育；所谓"全员"，指的是社区开展教育活动时面对的教育对象涵盖社区所有居民，可以是社区居民也可以是外来人口，可以是在职员工也可以是下岗职工等；所谓"全面"指的是社区开展教育活动的教育内容十分全面，如休闲娱乐教育、文化艺术教育、社会生活教育、职业技能教育等。总而言之，社区教育囊括了社会上各个层面的教育，是一套完整的系统，但承载社区教育的教育资源与人们实际的教育需求差距很大，唯一的解决办法就是高效运用社区内部和外部的所有资源，因此，拓展社区教育资源刻不容缓。

拓展社区教育资源的方式有两种：第一，高效应用现有的教育条件和教育资源；第二，增强和相关部门的交流和沟通，与其达成资源共享，借助对方的空闲资源与自身资源实现整合和重组，提升资源的使用效率，不但使闲置资源获得重新运用的机会，还能减少投入到社区的教育经费，推动社区教育稳步前进，实现双赢。

拓展社区教育资源最关键的问题就是拓展教育课程的内容。想要拓展课程内容必须了解居民的学习需求，社区可以向居民发布调查问卷，问卷中包含学习需求，将所有问卷搜集、整理、仔细分析后形成最终报告，社区可依照报告增设教育课程。拓展社区教育课程需要各方面资源的投入，以本土资源为主，如社会资源、政府资源等，但并不局限在本土资源。例如，在山西省太原市小店区，政府刊印了多本有乡土特色的书籍，如《文明礼仪》《民间习俗》《汾东古韵》等，还编撰了一些课外读物，如《劝世新编》《家庭养花常识》等，这些书的内容跨度很大，能满足多个层次的居民需求，每个居民都能自由领取，居民对此给予了高度评价。

第四，从各种路径筹集经费。实现社区教育责任需要大量资金。社区教育活动主要的教育对象是社区居民，主要目的是提升社区居民的综合素养和道德水平，所以，社区教育发展必然需要大量的资金作为财政支持。社区教育是非营利性教育，但每次举办教育活动都需投入无数的人力、物力、财力，两者存在直接冲突，这意味着社区教育需要外来经费充当最后的保障。推动社区教育发展以及建设学习化社会，只依靠政府的力量是远远不够的，这不单单是政府的职责，还是整个社会的职责，因此，想要达成这一目标，需要社会各个层次都贡献自己的力量：在政府划拨给社区用于社区建设的经费中划分一部分充当社区教育经费；驻地单位主动赞助一部分经费；居民在参与教育培训过程中可适当缴纳一些学费；可以从社会公益基金中筹集一些资金。通过种种途径，社区教育一定能稳步开展。

地方政府在对社区划拨财政经费时，可以参考当地的经济状况以及社区教育的发展情况，合理划分社区教育经费。对于驻地在社区的相关单位和企业，社区可以增加双方的友好交流、协商，将单位的职工培训扩大到整个社区，不但扩展其教育职能，还能提升居民个人技能，从而吸引其他企业以及社会组织的资金支持。

第三节　社区教育现代化及其对早期教育的影响

一、社区教育现代化对早期教育的影响

单从教育对象来看，早期教育是我国教育体制中最关键的一部分，但从教育形式来看，社区教育同样是其中不可或缺的一部分，两者存在一定的关系，这种关系直接影响到整个教育体制的改进和发展。时代在不断发展，社区在人们日常生活中的重要性逐步提升。婴幼儿是一个社区至关重要的一部分，而社区又是婴幼儿主要活动的区域，社区的教育环境以及教育条件直接决定婴幼儿的未来发展。

教育现代化的最终目的就是达成人类现代化，即人在具备现代特性的基础上开展各种活动。人的行为习惯、知识结构、思想道德、价值观念也从传统观念转变成现代理念，人本身也完成了从传统向现代的转变。社区教育现代化的主要目的是提升社区居民的个人能力、思维观念以及思想意识，以实现全面发展，从而成为"现代人"。所以，详细了解早期教育和社区教育之间的关系极其重要。

（一）社区教育现代化影响早期教育的服务主体和服务范畴的变迁

随着我国经济的飞速发展，社会也在不断进步并逐渐转型，社会管

理模式也产生了极大的变化，社区成为人们最重要的生活领域。社区在发展过程中，不但要求最基本的物质基础要合格，如社区的环境和相关设备，还要求社区必须拥有一定的精神基础，即精神文明建设，以便于社区居民的健康发展。社区教育的根本目的就是推动社区居民全面发展，社区教育对象是所有居民，包含儿童、成人、老人。社区教育现代化的发展在一定程度上直接作用于早期教育。

传统早期教育的服务主体基本是早期教育机构和家庭，如今社区教育现代化逐步发展，社区开始充当早期教育的服务主体。对于社区居民来讲，他们不但提供早期教育服务，也能享受早期教育服务。因此，早期教育应该从主要为全社会服务转变成主要为社区服务。①

（二）早期教育推进社区教育现代化进程

早期教育现代化是社区教育现代化的主要方法和内容，是创建社区终身教育机制的关键形式。有研究表明，开展早期教育直接影响婴幼儿未来的发展，但我国现在许多家庭开展的婴幼儿教育并不健全。

传统家庭在教育婴幼儿的过程中，基本上都是靠孩子父母、爷爷奶奶、姥姥姥爷以及家政保姆，聘请专业育婴师的家庭只是少数。老人本身的文化程度并不高，而孩子父母也没有大量时间以及教育经验，在培养婴幼儿的过程中，通常只能依靠自身经验摸索前行，不能清楚地知晓孩子的生理和心理的真实情况，遇到一些困难往往会不知所措，这种情况在现代社会中是普遍存在的。社区是由一个个家庭组合而成的，社区教育环境直接影响家庭的教育氛围，所以，社区一定要提高对早期教育的重视程度，提供必要的环境支持，如开展科学育儿教育培训、检查婴幼儿身心健康、建造适当的游戏设施等，才能真正消除这些困难。社区教育的对象在接受相关培训后可以在社会上寻找更好的工作，也可以就在社区内为本社区的婴幼儿和老人服务。

早期教育的现代化对提高居民的教育观念和教育意识有极大帮助，同时还能够提高居民的综合素质，反应居民的相关诉求。社区开展科学的、合理的早期教育活动，不仅能让社区居民知晓如何正确地教育婴幼

---

① 褚宏启.教育现代化的本质与评价——我们需要什么样的教育现代化[J].教育研究，2013，34（11）：4-10.

儿，还能通过科学、专业的手段解决父母教育孩子过程中无法解决的困难，使父母确确实实体会到社区早期教育的真实效用，从而认可社区开展早期教育活动以及提供各种保健服务的作用，社区也能借此改变家庭依靠个人经验教育婴幼儿的现状，促使其使用科学、合理的育儿方式。如此这般，不但能完善父母的育儿观念，还能提升育儿的质量，变相地提升了社区教育的教育范畴和教育对象，更在一定程度上提升了居民的综合素养，实现社区教育的公正性和公平性，推进社区教育现代化建设。

早期教育的现代化发展是社区教育现代化最重要的参考条件，可加快社区教育现代化进程。早期教育现代化并不单单是实现教育模式、观念、内容的现代化，而是运用所有现代化的技术，使教育对象在某种场景中感受具有现代化性质的互动方式、行为模式以及价值观和人生观。实现现代化的过程本就不是一成不变的，而是不断变化、动态发展的，早期教育的现代化发展在一定程度上能展示社区教育现代化发展的评估标准，且是评判其发展的重要依据。

（三）社区教育现代化为早期教育发展提供更有利的条件

开展早期教育的根本目的是借助婴幼儿身心易于接受新生事物的特点，营造出恰当的教育氛围，并借助大量信息资源以及多种训练方式，发挥孩子的潜能，获得最大效用。

早期教育的发展需要居民配合，只有提升居民的教育意识，改进教育方式，运用所有可用资源开展教育活动，才能取得良好的效果。早期教育活动面对的不单单是婴幼儿，他们的父母以及其余教育者都包含其中。婴幼儿在出生后，几乎全部的时间都生活在社区之中，在开展早期教育活动过程中可能会应用到社区中所有的资源，如空间资源、自然资源、文化资源以及人力资源，所以，社区教育实现现代化能为早期教育打下坚实的基础。

首先，社区教育现代化的理念能推动早期教育观念广泛传播。教育现代化指的是为实现未来目标持续实践、改进并完善的有主观意识的一种行为，当教育观念能随着时代的变迁不断变化，社区教育现代化才能真正实现持续发展。部分社区以及居民对早期教育认可度并不高，社区必须运用一切手段宣传早期教育理念，或通过一对一劝解的形式扭转居民对早期教育的态度，使更多的居民知晓早期教育的益处、使用方式和路径，推动早期教育观念广泛传播，实现社区教育理念的现代化。

其次，社区教育管理现代化能改进早期教育管理的相关手段和方式。拥有优秀的管理制度才能促使相关事业更为高效、快速以及优良地发展，社区教育也不例外。管理是各种因素的整合，如经费、制度、物力、人力等，每种因素既能团结协作又相互制约才是优秀管理制度最重要的体现，实现社区教育管理现代化就是加强这些因素之间的协作和配合。如今的早期教育在持续的发展过程中暴露出很多管理漏洞，如教育制度不完善、经费不足、体系不完整、人力和物力缺乏等，社区教育管理现代化为早期教育的管理提供了更科学、更合理、更有效的改进方式和途径，如增加早期教育的投资渠道、政府监督早期教育的发展过程等。

再次，社区教育技术现代化能推动早期教育更高效、更合理、更科学地运用所有教育资源。想要早期教育不被时代抛弃，合理运用现代各项信息技术是关键。随着时代的发展，互联网走进千家万户，各式各样的信息技术不断涌现，为实现社区教育现代化贡献力量，在现代化教育中应用大量数字化设备不但能高效运用资源，还能帮助学生更有效地开展学习。运用各种技术可以使现代教育活动脱离固定时间和空间的束缚，还能搜集到大量的学习素材，充分整合早期教育的各种资源，提升资源的使用效率，使早期教育获得更好的发展。

最后，社区教育制度现代化能指导早期教育有条不紊地执行。教育想要获得飞速发展，优秀的制度必不可少，当前并没有出台专门的法律保证早期教育的推行，早期教育行业并没有绝对的行业标准，也没有正式的管理规范，社区教育制度现代化可从操作层面以及制度层面上保证早期教育健康发展，促使其健康、有序运营。

创建终身教育机制不但要促进早期教育飞速发展，还要通过大力开展社区教育活动促进社区教育现代化的发展。社区教育现代化发展是早期教育的基础，为其提供各种条件和资源支持，而早期教育的发展不但能提升居民的综合素养和幸福生活指数，还是评判社区教育现代化的重要标准和凭证，对其发展有促进作用，两者之间是相互促进、团结协作、相辅相成的，而且，两者的和谐发展能推动我国全面现代化发展的进程。

二、促进社区教育现代化与早期教育协同发展的对策

目前，全球步入知识经济飞速发展的新时代，社会也在不停地发展和改革，人才竞争更加激烈，教育现代化的实现刻不容缓。想要实现教育现代化就要依靠社区教育和早期教育共同发展。

（一）发挥政府主导作用，实现宏观把控

政府在早期教育和社区教育现代化的发展过程中处于主导地位，负责支持和引导，其余教育主体发挥协同作用。政府实行宏观管控，可以激起社区教育的内在潜力，推动早期教育和社区教育现代化发展，具体措施有以下几步：

1. 建立健全法律法规，提供有效的法律保障

2019 年 5 月，国务院办公厅印发了《关于促进 3 岁以下婴幼儿照护服务发展的指导意见》，规定政府要大力支持社区开展婴幼儿照顾和看护服务，同时引导和支持社会力量借助社区平台为婴幼儿提供服务。规定了政府支持社区开展与婴幼儿早期教育有关的教育活动，为社区开展早期教育活动确定方向和路径。国家一定要制定更具针对性、更专业的法律法规和制度，保证早期教育和社区教育在法律层面和制度层面都有法可依、有据可查。

2. 完善可持续多元化的投入机制，加大对社区教育的投入

社区在开展早期教育过程中经常会遇到资金不足的问题，解决这个问题首先需要政府发挥领导作用，增加财政拨款，社区同样要发挥自身的主体作用，鼓励驻地企业、事业单位以及社区居民积极投身到社区教育工作中来，通过种种形式支持社区早期教育活动，扩展社区教育的资金投入制度。此外，对于社区开展的一些具有较高教育意义和参考性的教育活动可以收取适当的费用，借助这些投入制度，提高社区教育的教育质量。

3. 联动多元主体参与，规范运行管理机制

在开展早期教育和社区教育的过程中，往往会涉及多个层级，如个

人、社区、企业等，而管理、监控、开展社区教育的主体也各不相同，所以一定要创建一套统一的、合理的、完善的、规范的管理制度。首先，政府必须处于领导地位，负责全局统筹工作。其次，开展社区教育活动需要多个主体共同参与，如社区居委会、物业等管理机构，社区驻地企业和单位、社区居民等，他们不但要提供相关服务，还能享受对应服务，团结协助促进社区教育发展。所以，一定要激发这些主体的主观能动性，使他们积极主动参与各类教育活动，如专门设立社区教育委员会，专职协助管理者处理社区教育的相关事务，调节或解决举办教育活动碰到的所有困难。此外，我国当前是依靠市场制度开展早期教育，在管理、资金、师资等方面存在诸多漏洞，有关政府部门可以对此进行监督和管理。只有实现早期教育行业的规范化发展，社区教育才能持续地改进和完善，同时推动我国社区教育现代化进程大步前行。

（二）打造平台和路径，夯实基础建设

社区在开展早期教育过程中可以创建对应的系统和平台，借助对应系统不但操作简单，更易规范管理，而借助相应平台，则可以大幅度提升社区教育的推广普及率以及工作效率。

1. 优化资源利用，创新社区配套教育设施

社区中存在大量优势教育资源，他们的利用率很低，所以，一定要改进社区教育的结构分布，在社区现有文化资源和自然资源的基础上，健全社区早期教育的相关设施。现代社区基本都拥有一定的配套设施，如儿童基本的游玩设施，社区可以在这些设施基础上根据教育意义、趣味性以及安全性适当地进行强化。而且，社区可以将一定范围的公共活动区域设立为早期教育的专用场所，如果社区条件优渥，可以单独创建早期教育活动中心或活动室。

2. 构建多元化宣传途径，打造综合宣传平台

现在人们身处信息化社会，所有领域都可应用互联网，互联网技术更是不断地创新，直接影响人们的学习和生活。随着社会中网络技术的广泛应用和持续发展，信息设施建设也在逐步完善，在终身教育机制下开展社区教育活动来获得强力的支持，同时为实现社区教育现代化提供极为丰富的路径和信息资源。目前，信息传播的速度超出想象，形式更

是五花八门，而社区居民也能接受这种现代化的宣传手段。所以，社区在举办早期教育活动时可以借助互联网，通过多种形式的传播手段，创建以网络化和信息化为基础的数字化学习制度，再搭配浓郁的学习氛围，扩展宣传路径，推动社区教育现代化的发展。

社区开展早期教育的相关活动一般都要依靠社区居民的积极参与和大力支持，在如今的新媒体时代，宣传和推广社区早期教育可以借助打造社区教育网络学习平台，将各种类型的学习网站有机结合在一起，创建公益化、数字化的公共服务网络，形成所有居民都能使用、方便使用、极为好用的学习平台，宣传过程中可以借助各种新媒体路径，如公众号、微博等。而且，还可以借助社区的所有公用平台和自媒体路径，如抖音直播、微博、App、小程序等，将早期教育和社区教育的所有信息记载到各个平台之上，民众在不经意间浏览或使用，潜移默化间提升居民的教育意识。

3. 加快自身体系建设，规范运营机制

科学、合理的运营制度是早期教育和社区教育平稳运行的关键，但有些社区由于人手不足，并没有设立专门的机构为开展早期教育活动提供服务，社区要将开展早期教育活动当作社区服务工作的一项内容，并对其制订一个长期的计划。社区教育想要获得良好发展，首先要改进当前的教育制度，清楚每个部门对应的职责，并增强监管力度。其次要制定详细的工作流程以及完整的体系，保证社区在开展早期教育过程中有法可依，有迹可循，在相关工作人员的引导下，推动社区教育稳步前行。

早期教育的发展过程不仅要持续改进自身的相关制度，保证管理过程是科学的、规范的，还需要创建一种能与社区教育团结协作、共同发展的制度。例如，保证社区开展的早期教育具有较高的质量，参考社区的真实情况，选择恰当的方法举办早期教育推广活动，在管理早期教育的过程中大量应用科学的、现代化的管理技术和手段。

（三）构建多元服务队伍，优化专业人才结构

1. 加强社区工作人员队伍建设，提升社区工作人员专业性

社区的工作十分繁杂，而且总会遇到各种各样的问题，有些社区本就人手不足，专职社区教育的人员就更少了，这些对开展社区教育特别

是早期教育有重要影响。虽然部分社区在政府支持或是商业支持的条件下，举办了一连串与早期教育相关的活动，但由于举办活动的社区人员本身不具备专业的教育知识，最终的效果并不十分明显，不能满足居民全部的教育要求。所以，提高社区工作人员的教育水平以及教育意识迫在眉睫，可举办专业的教育培训或大型讲座，将相关人员外派到优秀社区参观、学习，在聘用社区人员时优先选用具有专业教育知识和技能的人员，长此以往，社区在早期教育方面一定能组建一支专业知识丰富、意识理念突出、技能水平高超的队伍。

2. 引入各类专业人才，建设立体化多元化人才队伍

在实现早期教育和社区教育现代化过程中，必然需要许多专业的人才和教育主体的合作。社区还可以与周边高校展开全面合作，组建一支专业的早期教育团队，这个团队不但能开展专职教育，还可以开展兼职教育，不但有高校教育，还有社会教育和家庭教育，真正意义上实现早期教育的全面发展。社区可以邀请高校早期教育专业的老师和学生对社区居民展开早期教育，不但解决了高校学生的实践问题，还能推动社区早期教育的发展，一举两得。社区居民本身具有独特的身份，同样属于专业人才，他们在接受早期教育过程中是受益者身份，但也可以转变身份，为社区教育贡献自己微薄的力量，此时的身份是提供者。综上所述，社区开展社区教育的过程中不但能开展专职教育，还能开展兼职教育，实施教育的工作人员可以是高校专业师生，也可以是居民，社区可借此机会组建专业人才和志愿者结合的、多元化的教育团队。

3. 组建专业的工作团队，保证早期教育质量

社区教育还要创建一套完整的教育培训制度。借助这种培训制度使社区专职教育工作人员能够定期学习先进的教育理念，从而组建一支专业的、科学的、个性的社区教育工作者团队。确保社区教育工作者能将教育理论知识和教育实践活动完美结合，提升教育质量和工作效率，保证社区教育现代化在培训、内容、观念等方面稳步发展。特别是针对早期教育的专职人员的培训，最重要的就是分析婴幼儿的生理和心理特点，培训的模式也是多种多样的，如政府主导的专职培训、社区自行组织的教育培训、和高校合作开展的教育培训等；教育内容也十分宽泛，如社区教育服务、文化传承、宣传和学习相关法律法规、管理的相关技能和

知识等；学习途径更是多样化，如个人学习、实践研修、专题研修、图书阅览、线上和线下相互结合等多种方式相互结合，持续提高社区教育工作者的专业水平，保证教育质量。

（四）创新教育活动载体，丰富教育活动内涵

1.开发社区优质教育资源，创新早期教育活动载体

杜威指出，生活就是教育。社区本身就是一个资源库，它包含人力资源、场地资源、自然资源，甚至是社区驻地的各企事业单位资源。从一定意义上讲，社区开展早期教育可以应用上述所有资源，主要有两种方式：第一，依靠社区现有资源，创建早期资源的相关设施，开展教育活动。依靠社区的某些固定场所，举办各种教育活动，如借助社区活动场地举办亲子运动会、将某个单位的部分场所设置成儿童图书馆或活动中心，不但是早期教育脱离家庭或固定区域的束缚，还增进了教育者和儿童的关系。第二，将社区周边的所有闲散资源进行优化和整合。社区周边存在许多的教育资源，如早教机构、企事业单位、各行各业的居民等，社区可将这些资源实现有机整合，打造多元化资源平台，举办有趣的、专业的教育活动。比如，组织学生到附近单位参观和学习，扩展学生见闻；邀请从事不同职业的居民（消防员、律师、医生、教师等）举办主题教育活动或大型讲座。

2.依托教育机构开展早期教育活动，丰富早期教育活动内涵

早期教育的教育对象主要是0~3岁的婴幼儿，因其年龄太小又具有独特的心理以及生理特点，所以，早期教育的内容和形式都需要特殊的要求。处于此年龄段的婴幼儿具有直觉形象思维的特点，他们认知世界的方式是通过体验、感受获得的，对早期教育活动的形式和内容有着较高的要求。社区在开展早期教育活动时，由于社区工作人员的专业性，并且精力有限，对于专业早期教育服务会有些吃力。社区教育的现代化对早期教育提出的专业化和个性化的要求，促使早期教育社区化的发展。因此，可以依托社区周边的早期教育机构，借助他们的专业力量，开展多种类型的早期教育活动。例如，可以由社区牵头，早期教育机构组织社区居民参与的形式，开展丰富的家庭亲子游戏，让社区居民参与；同时也可以举行体能、技能类的儿童比赛活动（如爬爬赛，运动会等）；还

可以进行专题育儿讲座和育儿指导；举行亲子时装秀等。这些丰富多样的早期教育活动，可以开阔幼儿的眼界，增长见识，同时也可以提升家庭育儿专业方法，促进家庭亲子关系，提升早期教育的质量，从而促进社区教育现代化的发展。

现代化的车轮随着社会的发展而不断向前运转，社区教育现代化的发展，早期教育的进步，绝不是孤立的个体。只有相互协同，共同促进，才能真正实现推动教育现代化的进程，真正实现我国的全面现代化。

第二章　我国社区教育的历史沿革与队伍建设

第一节　我国社区教育的发展历史

一、社区教育发展的历史演变

20 世纪初期，新文化运动与五四运动中的知识分子们主动建设起了社区，让社区居民们能够通过集贸市场活动来进行信息交流以及参与其他活动，希望平民能够通过教育得到改造。至此，在城市和农村的各个地方出现了各种形式的平民教育，虽然这些教育没有让知识分子们救国救民的理想实现，但是它奠定了我国成人教育的基础。事实上，这就是我国最早的社区教育。新社会实行计划经济体制的管理机制，使得社区教育往往是由国家和政府号召统一进行，基本上没有群众自发性的社区教育，所以大部分社区教育往往都是通过运动形式开展的。如扫盲教育、职工业余教育等。

到了 20 世纪 80 年代，我国展开了经济体制改革，开始正式实行市场经济体制，这让人民的生活方式迎来翻天覆地的改变。社会需求变得更加多样化，单位整合机制失效，城市社区建设发生了极大改变，居民的生活方式可谓日新月异，农村地区人民的生活也得到了极大的改观，居民们渴求层次更加丰富的社区教育。总而言之，市场经济体制让人们在实际工作和思想方面都产生了新的进展和突破，为形成一个终身学习、全民学习的学习型社会奠定了基础。

科学技术的发展进步，以及优秀人才的培养，都离不开教育，对于现代化建设来说，教育极为重要，它发挥着全局性与先导性的重要作用，所以必须要优先发展教育。社区教育需要面向的不仅是老年人群体和少年群体，社区中的所有成员都应该是其服务的对象，社区教育应为人们的全面发展提供立体化、多样化的服务。社区教育也必须适应当前时代发展潮流，进行多元化发展，围绕社区的特点开展多样化教学。社区教育是对学校教育的拓展，是各类教育系统之间协调和沟通的桥梁，要采取"三全"统一的教育形式，实现全员、全程和全方位统一。总而言之，社区教育要以社区和学校为基础，以社会需求为方向。

我国的社区教育历经了起步阶段、探索阶段和实验阶段。在 20 世纪 80 年代为起步阶段，此时，我国比较发达的城市在中小学的校外教育问题上，寻求社区各界的帮助和支持，社会化教育就此起步，主要教育活动是以"三结合"的形式开展，也就是将家庭教育、学校教育与社会教育进行有机结合。在 1990 年之后到 21 世纪之前为探索阶段，在此阶段我国社区教育的群体明显扩大，成人也变成了其教育对象；社区教育辐射面积进一步扩大，一些中小城镇与农村地区的社区教育发展飞快；教育内容更加多样化，不再是单纯配合学校对青少年进行教育，还加入了全民精神文明教育以及职业教育；同时定下了长远的发展目标，以可持续发展社区作为全新的发展目标。1999 年至今为实验阶段，我国 1999 年启动社区教育实验，国务院在批转教育部的《面向 21 世纪教育振兴行动计划》中提到，要通过开展社区教育实验工作，让终身教育体系得到进一步完善，实现全民素质的提高。自 2000 年之后，教育部批准的国家级社区教育实验区多达 81 个，覆盖全国多数省、自治区、直辖市，各省也批准了众多省级社区教育实验区，目前我国的社区教育实验区超过 300 个。全国社区教育通过社区教育实验区得以实现并从点到面发展。除此之外，教育部专门为此建立社区教育工作联席会议制度，以应对和协调工作中面对的各种问题。总之，我国社区教育工作如今已经达到全新的发展水平。

二、社区教育发展的成就及经验

（一）城市社区教育的成就及经验

中国社区教育发展时间虽然比较短暂，但目前已经收获了不少成果，并为之后社区教育的可持续发展提供了丰富的经验。如今，在我国现代国民教育体系里，社区教育已经成为一个非常重要的全新的教育形式，得到了各地教育部门与政府的关注和支持。社区教育活动有显著的多内容、多层次、多形式的特点。随着教育实验工作的进行，社区教育资源得到了一定的整合，促进了社区教育管理体制与运行机制的建立和完善，为学习型社区的建立提供了极大助力。在一些地区，社区教育已经呈现出了稳步发展的良好态势。

我国的城市社区建设更加完善。上海市普陀区真如镇早在1986年就成立了社区教育委员会，为上海沿海经济发达地区社区教育的发展拉开了序幕。随着城市化和工业化进程加快，社区教育在我国遍地开花，沈阳、南京、重庆、天津等地都陆续开展了各种模式的社区教育，城市区域的社区教育发展十分繁荣，同时也积累了大量的经验。

第一，在机构运行方面，普遍建立了社区教育实体。在大部分城市的街道社区建立了各类的市民学校、成人学校、再就业学校等。比如，天津市成立了社区大学和分校，并为其建立了大量实体网络。建设教育实体对社区的可持续发展以及社区成员素质的提高有十分显著的作用。

第二，在组织和管理方面，确立了各级党委与政府为主要领导。如今，我国城市的社区教育基本上都配有社区教育委员会，为社区教育工作的顺利进行提供帮助和支持。比如，上海市的街道办事处会负责当地的社区教育，街道党委主要领导直接参与其中，其作用是协调社区中的企业、学校等社会力量参与。如今，上海市逐渐发展成了一个从区到街道再到居委会的三级管理网络，区社区教育委员会负责宏观调控，街道社区教育委员会负责实际工作，而围绕学校建立的社区教育委员会则为重要补充。

第三，在教育形式与内容方面，具有多元化发展特点。我国社区教育为社区成年人开设了各种课程，如终身教育、再就业教育等，同时设立公共图书馆以供居民自主学习，并开展了咨询、讲座等形式的活动。另外，城市社区教育还以本地区的发展为中心，与财政局、劳动局等联合开办了"金融班""文秘班"等课程。

第四，在发展形态方面，坚持因地制宜原则，各地围绕本地区特色，建设符合当地发展情况的社区教育发展模式。每个地区在地理环境、经济发展情况、生态环境、人文习俗等方面都存在很大差异，所以不同地区需要的社区教育也是不同的，这也是社区教育要朝着多元化方向发展的原因所在。各地根据自身的实际情况、发展目标等形成了符合本地社会发展的社区教育发展模式。

第五，在实践创新方面，将理论指导作用充分发挥出来。中国城市社区教育对理论研究十分关注。在重庆、北京等大城市都成立了相应的社区教育研究会，用来研究社区教育理论，并将其深化以及对外推广，这也为我国的社区教育提供了非常丰富的理论支持，有利于拓宽发展思路。

总而言之，经过十多年的发展，我国城市社区教育逐渐找到了一条与本国国情相符的发展道路，并为我国的社会主义新农村社区教育建设带来了启发。

（二）农村社区教育的成就及经验

农村社区教育对社会主义新农村建设起到了非常重要的作用，虽然它跟城市社区教育相比还有一定的差距，不过也取得了非常不错的成绩。在农村，乡农学校发展十分迅速。例如，山东省邹平市由梁漱溟组织乡农教育实验所创建的乡农学校，虽然它是一所学校，但其实更像是地方自治组织，因为它具备的功能十分全面，可以说是一个将教育、经济、政治等融为一体的综合组织，是社会教育与学校教育的相互融合。这种发展较为成熟、存在正式组织的农村社区教育形式非常值得在建设社会主义新农村时加以学习和借鉴，为我国农村社区教育的发展提供了更多的选择和丰富的经验。围绕乡农学校的社区教育也取得了一定的成效。

第一，统一教育内容的陶冶性与现实性。从整体视角来看，教育内容要以满足社区的需求为方向，站在"大教育"角度来确定具体的教育内容，既要实现面面俱到，有休闲娱乐、技术传授，也有职业培训等多方面的内容，还要做到具备本地特色，有针对性，实现个性化而非套用固定模板。例如，各地区有不同的农业种植情况，可以根据具体种植作物开展相应的技术教育。

第二，在管理方面实现"官"与"民"的民主协调。乡农学校是结合了行政系统与教育机构的一个组织，具有教育与政府管理双重职能，其构成成员包括学董、学众、教员和学长。管理形式为民主选举，同时需要让县政府对其进行认可，这种管理形式具有明显的民主性与自主性，选举出来的管理者往往是本地声名远扬的优秀先进分子，他们对当地的习俗十分了解。目前，农村社区教育仍需加快发展速度，要根据当地实际情况建立起一个社区教育委员会，专门负责管理和协调农村的社区教育发展工作，实现政府主导，明确各部门的责任和职权，除此之外，要鼓励、引导优秀先进分子、基层党员、致富能人等参与到社区教育工作中，增强民众的参与意识，实现民主管理。

第三，在组织层面实现区分性和层次性的结合。乡农学校有两级，分别为乡学和村学。站在教育程度角度来看，村学主要面对的是文化程度相对较低的群体，乡学面对的则是文化程度相对较高的群体；从行政功能的角度来看，村学为基础组织，乡学则是"上层建筑"。所以农村社区教育也应采取分级进行的方式，在乡级主要采取简单的成人教育，具有较好经济条件的县级可以进一步扩大范围，也可以围绕学习者多样化的学习需求，开办儿童心理咨询、教育咨询等课程，将办学特色融入每一级中，并在每一级体现出具有针对性的教育重点。

第四，在建设师资队伍时，做到职前培养与职后进修的一体化。乡农学校中的教师，担任着指导乡村建设的重要角色。大部分教师只接受过乡村建设研究院的专门训练。梁漱溟提出，要想让乡农学校真正发挥出推动乡村建设的作用，让教师更新和提高自身的知识水平，必须得到社会的帮助，对此，可以选择将一部分教师抽调至培养机构参与培训进修，同时让社会研究机构以及大学为农村社区教育发展提供支持和帮助。例如，让在校大学生支援农村社区教育。

第二节 我国社区教育志愿者队伍建设的重要意义

一、有助于输入充沛的人力资源，提高社区教育基础能力

社区教育是一种开放性、全员性的教育，这种特点决定了其必须依靠丰富的社会资源来发展，如人力资源、场地设施等，可以说丰富的资源体现着社区教育的实力以及基础能力。开展社区教育需要有政府行政部门人员，也需要涉及社会各个行业的志愿者。社区教育内涵的进一步丰富完善，让其变成了当前社区治理的一大关键手段，服务内容已经涵盖了大多数领域，包括文化科普、运动养生、职业教育等等，但社区教育力量如今仍然比较薄弱，亟须有一支专业、规范的队伍来进行补充。社区教育志愿者往往来自各个领域，其中有许多经历过高等教育、经验丰富的人才，他们有着多样化的知识结构，与如今社区教育的多元化需求相互契合。[1] 另外，社区教育是一种公益性事业，志愿者队伍是提高其供给服务水平的关键所在。

二、有助于增加社会资本储备量，降低社区治理成本

在社区治理中，社区教育志愿者扮演着重要角色。社区教育志愿者队伍是从基层出来并服务于基层的队伍，他们携带着丰富的社会资源以及大量的社会资本，组织成员之间的社会关系网的整合能够发挥出非常可观的资源整合效能，对降低社区治理成本十分有帮助。另外，社会资本是建立在各种道德（如信任、理解、包容、合作等）上而成的一个社会关系网，所以是道德资源，受到社会民主程度的影响极大。社区教育志愿者队伍也是道德资源，他们传播知识、传扬美好和善良，对形成和善文化社区，实现人际关系和谐有着很大的帮助。

三、有助于培养公共精神，形成浓郁的社会文化

社区教育志愿服务的公共精神元素十分丰富，对培养公民公共精神、形成浓郁社会文化很有帮助。社区跟民众之间的连接以及公民对社会的互动的行为载体是社区教育志愿者团队，这是公民社会衍生物。社区教

---

① 刘颖敏 . 自我实现理论视域中的志愿行动 [J]. 现代交际，2017（7）：55-56.

育志愿者团队的特征是公益性、民间性、自治性、非政府性等，其倡导民主、和谐、互助的友好精神，并通过每一位志愿者将这种精神传播开来，有利于让整个社会的氛围都变得更加友好。

社区志愿者不仅为社区奉献有形服务劳动，也为其传播了健康、积极、向上的精神，以及互助、和谐的良好风气，十分有利于形成活力满满、和谐自由的社区文化，对社区精神文化建设起到了极大的促进作用，为建设和谐社区奠定了良好基础。另外，社区教育志愿服务还能够引导和鼓励社区居民自主参与管理社区事务。例如，在广东省清远市的一些社区采取了"片区长计划"，让志愿者队伍通过志愿服务引导社区居民参与到片区长计划中，努力建设共同的理想社区。该计划让此社区形成了有序、健康的社区自我管理机制，十分值得学习、借鉴。

第三节　人工智能时代下的社区教育教师专业发展

人工智能时代对社会各个领域都提出了更加严格的要求，社区教育教师专业同样如此。

一、社区教育教师专业发展的基本内容

国家提出的教师专业标准是对教师基本专业的要求，更是评价与规范教师专业发展的标准。如今我国发布了许多政策文件，针对社区教育教师专业发展提出了基本要求，如《社区教育工作者岗位基本要求》《成人教育培训工作者服务能力评价》《成人教育培训服务术语》等，为专业化路径的探索提供了纲领性指导，让我国社区教育教师专业发展得到了政策上的引导。总的来说，上述各政策中提到的关于社区教育教师专业发展的具体要求，跟我国的《小学教师专业标准》《中学教师专业标准》等标准存在共通之处，都非常关注专业知识、专业理念与师德、专业能力这三方面。

在针对社区教育教师专业发展相关内容上进行了一系列深入研究之后，我国学者提出了下列具有代表性的观点。叶忠海站在系统性角度上提出，社区工作者素质应具备五个要素，分别为德、识、学、才、体，

这五个要素应保持整体性和谐发展。[①] 另外，王秋芳认为社区教育教师应该从职业逐步转型为专业，社区教育工作者应具备专业能力、专业精神以及专业知识。[②] 程仙平对此十分认同，并表示应在政策制度上确定教师专业的权力与地位，在教育实践中不断提高教师的专业知识素养、专业能力素养以及职业道德素养，并实现这三个方面的和谐发展。[③]

除此之外，还有人站在社区教育教师的工作职责角度上认为社区教育教师专业发展中最重要的内容有两个维度，分别为职业认知和专业知识与能力。[④] 从上述观点中发现，在许多研究者看来，社区教育教师专业发展的内容主要集中在三个方面，即专业知识、专业能力以及专业理念与师德。

在国外也有许多专家学者针对社区教育教师专业发展提出了很多值得学习的观点。英国和美国在很早之前就制定了教师专业标准，都从专业知识、专业能力和专业理念与师德这三个层面出发，进行了社区教育教师专业标准的制定工作。为了确保社区学院有优质的师资，美国国家专业教学标准委员会（NBPTS）在2015年颁布了全新的社区教育教师专业标准——《国家专业教学标准委员会生涯与技术教育专业标准：面向11～18岁学生的教师》。该标准针对社区教育专业标准的主要更新内容围绕着教师核心标准进行，涉及学生知识、内容知识、评价、课程设计和管理、专业领导能力、反思性实践、应对多样化、学习环境和教学实践、伙伴关系与合作等方面。可以从此标准中看到，美国的社区教育教师专业发展的内容基本上是围绕着三个维度进行的：以学习者为本，实现教育实践、教育理论和学科知识的有机结合，培养具有团队合作与终身学习能力的人才。我国在建设社区教育教师专业发展要求时，可以有选择性地借鉴其中值得学习的内容。

我国诸多研究者通过深入研究划分出来的社区教育教师专业发展内

① 叶忠海.社区教育学基础[M].上海：上海大学出版社，2000：123.

② 王秋芳.从"职业"到"专业"：社区教育工作者转型发展策略研究[J].继续教育研究，2013（12）：59-61.

③ 程仙平，潘冬艳.专业化赋能框架下社区教育教师发展研究[J].河北师范大学学报（教育科学版），2020，22（6）：69-76.

④ 惠中，徐雄伟.社区教育专职教师专业素养研究[J].教育发展研究，2013，33（23）：80-84.

容的维度，以及其他国家在社区教育教师专业发展方面积累的经验进行结合的基础上，可以把社区教育教师专业发展的内容概括成三个维度，分别为专业理念与师德、专业知识以及专业能力。

（一）专业理念与师德

由众多专业人员形成的共同认可的价值观念和信念就是专业理念，它支撑着专业人员践行职业义务，是一种专业意识形态，是职业人员的职业道德规范。根据政府及其职能部门的政策，还有相关研究者得到的研究成果，可以看出中国社区教育教师专业理念与师德具有以下几点：第一，社区教育教师要严格遵守宪法与法律，遵守规章制度，贯彻落实国家教育方针，以确保学习者的主体性，在提高学习者知识、能力等全面发展的前提下对教学计划进行严格执行，尽可能完成教育培训目标。第二，社区教师应该严格遵守本职工作的相关行为准则以及规范，同时也要正确认知社区教育工作，并呈现出正向的行为和情感，能够客观地认识、评价和理解所从事职业的价值，以积极的情绪来面对教育教学工作，以向上的心态参与到工作中。第三，要坚持践行社会主义核心价值观，形成"育人为本，师德为先"的正确价值理念。

在英国和美国，对于社区教育教师专业理念也存在类似表述。比如，在美国社区教育教师专业标准中，"以学生为中心"这一点就有非常明确的体现，在《国家专业教学标准委员会生涯与技术教育专业标准：面向11～18岁学生的教师》的"应对多样化"方面专门提出，教师要使用全纳教育教学实践，让所有学习者都能享受到高质量教育；教师要针对学生实际情况设计出科学、有效的评价方式，该方式应可以协助学生正确地认识到其自身的技术能力和知识水平，从而帮助其树立一个合理、科学的学习目标；教师应为学生掌握知识提供帮助，培养学生的就业技能，指导、帮助学生做出与其实际情况相符的生涯决策。

英国教育与培训基金会制定的《教师和教育培训者的专业标准》。提出教师应时刻注意审视自身的价值观念以及教学实践，树立创新精神，考虑到不同层次学习者的个性化需求，积极探索全新的教学方式和策略，以满足各层级学习者的实际需求。

（二）专业知识

教师应在其专业领域范围熟练掌握的基本知识就是专业知识，它是专业发展的强有力支持和动力。社区教育教师要实现全面发展，就必须提高自身的文化素养，促进知识结构优化。如今，我国针对社区教育教师专业知识提出的相关要求主要涉及两个方面：一是教师应对自己有高标准的要求，不断提升自身应具备的基础技能、知识，既要熟练掌握社区培训的相关理论、技能，也要对现代化教育教学方式有深入理解，提升自身的职业职能，也就是"双知识"。二是教师应熟练掌握成人教育培训国家标准中规定的成人教育培训管理、成人教育理论、成人学习心理等相关知识，并将其运用到实际教学中。

另外，其他国家在对社区教育教师设置的严格要求中，也涉及了教师掌握"双知识"这一方面。譬如，美国针对社区教育教师颁布的文件中提到，社区学院教师必须具备两大知识体系，即学科知识和行业技能知识。美国政府受到相关标准的影响，开设了许多如研讨会形式的教师专业发展互动，并引导社区学院和企业形成合作关系，以此来提升教师的理论知识和职业能力。英国制定的社区教育教师标准也提出了"双专业"这一教师专业发展定位。"双专业"指的是"优先行业资格"教师准入制度，以及保证教师职业是一个专业，也就是要求教师必须成为一个职业或者专业专家，且可以通过教学让学生也掌握其具备的各种专业知识和技能。英国的教师既需要具备技术性，也要在实际教学中体现出其示范性和专业性。根据我国对社区教育教师专业知识维度方面提出的政策文本，以及上述美、英两国设置的社区教育教师专业知识要求，可以看出，在社区教育教师专业知识发展中，"双知识"是一个非常重要的部分。

（三）专业能力

专业能力指的是在某个专业领域中应具备的基础能力。社区教育的实效性和有效性，以及开展社区教育实现预期成果的基础，都以社区教育教师的专业能力为依托。站在宏观角度上看，社区教育教师需要具备丰富的能力，包括设计和策划培训能力、培训营销能力、培训需求分析能力、培训教学能力等，且可以将这些能力充分运用到教学实践中。站在微观角度来看，社区教育教师要让教育培训发挥出应有的效果，达成学习者的需求，并严格遵循按需施教、学用一致和参与性原则，深入剖析学习者情况，了解成人学习者目前的实际情况，以及期望跟实际情况之间的差距，并对差距产生原因进行透彻分析，从而提出针对性的社区教育内容和目标。另外，社区教育教师也要在实践中总结出一套可以评价他人以及自身的完善的评价体系，这个评价体系既可以为学习者得到社区教育目标过程中的成果的形成性评价，也可以为学习者在完成阶段性教育之后的学习成果给出一个综合性评价。

除了以上提到的专业能力，英美两国还专门针对社区教育教师专业能力发展设置了详细规定。在美国的《国家专业教学标准委员会生涯与技术教育专业标准》中提到，社区学院教师应具备反思能力，不断探索评价学习者的学习方式，通过学习和反思加深认知和理解，从而设计出可以将学生知识技能水平真实反映出来的科学的评价方式，让学习者能够清晰、直接地了解到自身学习进程，为学习者全面发展提供帮助。

二、人工智能时代社区教育教师专业发展的新指向

（一）树立以人为本与以学促行的专业理念

如今，大量智能技术不断涌现，且在社区教育领域进行了大量的尝试性应用，社区教育教师专业理念也面临着更多的挑战。首先，社区教育教师应围绕社区内成员的工作，树立正确的专业理念，向社区内的学习者提供全程教育。在智能时代，各个层次的学习者在需求上存在着较大差异，这就要求社区教育教师要以社区教育本质为基础，借鉴和学习优秀的教育经验，将学习者作为教育中心，进行"精准教育"，让学习者都能在社区中享受到贯穿整个生命的教育，在教育中实现自身价值。其次，教师也要树立起终身学习理念，时刻更新自身的知识，了解新时代对教育提出的要求，从而更好地为学习者服务。

中共中央、国务院印发的《中国教育现代化 2035》中提到，当前的任务是建设一个智能化校园，统筹建设一个集教学、服务管理于一体的智能化服务平台。充分发挥出现代技术的作用，进一步加快人才培养模

式改革进程，将规模化教育跟个性化培养进行有机结合。

在人工智能时代，社区教育教师要树立终身学习理念，努力学习与运用各种智能理念和智能工具，通过智能技术分析社区教育中的学习者，让学习者的需求得到满足。

社区教育教师应坚持终身学习理念，并在践行该理念的基础上挖掘各种智能教学工具的专业特质，从而提升职业劳动价值和存在价值。正如来自美国的心理学家麦克里兰所提出的"素质冰川模型"，冰山浮出水面的部分只有1/8，这1/8是可以经过考试得到证明的素质，但冰山有7/8潜在水中，而这部分是人的"隐性素质"，在未来的学习与工作中有着更大的影响力。

美国社区学院正是从这一观点出发，希望能够借助职前选拔和职后培训的有机结合，将教师的"隐性素质"充分挖掘出来，督促教师继续学习，不断增强其自身专业化水平。在人工智能时代，美国提出的社区教育教师专业发展经验有一定的借鉴价值，我们也应学习其经验，鼓励教师树立终身学习意识，通过持续性地学习，不断了解和掌握新时代的需求，大力挖掘智能教学工具中的专业特质，借助信息技术展现自身的教育智慧，提升学习者的积极性，激发学习者和他人协作、沟通的能力，培养学习者的创新意识。正如由教育部、国家发改委等印发的《教师教育振兴行动计划（2018~2020年）》中提到的，要充分利用各种新技术，如大数据、人工智能、虚拟现实等，建设教师教育信息化教学服务平台并加以运用，同时也要加快教学方式变革，形成合作、自主、探究为主要特征的全新教学方式。

（二）具备智能化与多样化的专业知识

智能时代的科技发展日新月异，各种新思想、新理念层出不穷，社区学习者也在为了适应社会而不断变化着自身的学习需求。新时代的背景下要求社区教育教师要主动更新自身知识，包括跨学科知识、信息知识、专业知识、教育知识等，保证学习者始终跟得上社会变化发展的步伐。

首先，社区教师应具备信息知识。由中共中央办公厅、国务院办公厅印发的《2006—2020年国家信息化发展战略》中提到，我国目前正在推动数字教育逐步跃迁升级至智慧教育，[①] 而智慧教育也意味着个性化、自主学习等将成为习惯。因此社区教育教师应积极了解、学习信息知识，掌握先进科技的使用方法，通过智能大数据对学习者的情况进行分析，并对其将来从事岗位标准进行预测，以便更新教学标准、教学内容以及培养方案。同时，基于社区教育生源多元化的特点，社区教育教师应懂得如何发挥当前智能技术所具备的分析整合作用，并借此了解各个层次学习者的基础情况、学习方式、认知特征等，了解到各个学习者在其所处的学习阶段的具体情况，洞悉学习者的心理特点，从而有针对性地调整教学方案。

其次，社区教育教师应具备跨学科知识。人工智能技术涵盖了多个学科知识，而教育跟智能技术的相互融合，也让教育领域和科学领域突破传统樊篱，为建立全新的专业学科分类格局提供了良好环境，有利于多学科大融合的实现。在当前时代背景下，社区教育教师更要跟上时代步伐，形成知识整体观，以自己过去教学的学科为起点，充分掌握多个学科之间的联系，并在学科之间相互渗透；了解学习者所接触到的科技发展、政治事件、生活习惯等，并将其与自身所掌握知识相结合，以便在各类课程中精准地使用跨学科知识。

最后，社区教育教师也要注重发展自身的教学知识与职业背景知识。英国设置的《终身学习部门教师、指导者和培训者的专业标准》中专门提到，教师既要熟练掌握课堂教学涉及的各类知识，自身也应拥有一定的职场实践知识。《教师和教育培训者的专业标准》对"双重专业化"这一理念作出了明确解释，要求教师应具有"双专业"专家这一身份，不仅要成为教学专家，也要成为学科或者职业专家。[②]

智能时代的学习需求在不断变换升级，因此，社区教育教师要及时了解和更新自己掌握的职业背景知识以及教学知识。而智能技术的发展也可以帮助社区教育教师对区域发展态势和某行业的用人标准与发展趋势进行精准分析，从而根据当前社会对人才的实际需求来扩充自身专业技术知识，提高技术能力。

① 刘邦奇. 区域智慧教育生态系统构建与运行模式研究 [J]. 中国教育信息化，2017（3）：59-63.

② 涂三广. 我国职业教育教师队伍建设的三条路径 [J]. 教师教育研究，2015,27（2）：99-106.

（三）构建立足时代与突破自我的专业能力

根据人工智能时代对社区教育教师提出的发展要求，以及当前我国发布的各种相关政策文本，可以对社区教育教师专业能力指标等进行归纳。社区教育教师要顺应当前时代潮流的要求，既要达到政策中规定的专业能力，更要构建出突破自我、符合时代要求的专业能力，以便更好地适应人工智能时代对人才的要求。

首先，社区教育教师要充分发挥共情能力。如今，智能技术的广泛运用让教师拥有了更加多样化、便捷的教学方式，也为学生提供了大量学习资源。不过，社区内学习者往往担负着很多角色责任，如社会工作、赡养家庭责任等，因此在参与再就业的提升教育时，更需要社区教育教师对其进行情感教育和生命关怀。这也正是人本主义理论的体现，即以"知情结合"代替机械的模式化教学。在拥有较强的共情能力之后，社区教育教师就可以充分发挥出科技和智慧教育的作用，熏陶学习者的情感，关怀学习者的心灵，对智能技术缺失的心理属性与社会属性进行弥补。

其次，社区教育教师应具有创新精神和反思能力，勇于突破自我。《教师和教育培训者的专业标准》在开篇提到，教师应经常进行反思，对自身教学是否科学、合理、有效进行正确地判断，并根据实际情况创造性选择教学策略，从而实现学习者个性化和多样化的学习需求。在《继续教育教学和支持性学习标准》中也提到，教师应正确评估自身工作，进行深度反思，从而明确将来专业发展的重点，并对自身工作做出近期和长远的规划。

在智能时代下，我国社区教育教师也要学会换位思考，以学习者的角度看待问题，了解学习者的实际学习情况，充分发挥出智能分析开发工具的作用，开发校本课程；为每一位学习者设计符合其自身发展情况的个性化学习策略；将大数据技术运用到对职业岗位需求分析上，通过虚拟手段设计出与当前职业需求相符的教学情景；对学习者进行全过程多元化评价，发挥智能技术的作用，实现科学育人和动态监测的相结合。除此之外，社区教育教师除了要关注学习者的情况，也要将目光放在自己身上，加强自身的反思能力。反思以评价为前提。所以，社区教育教师之间可以通过智能分析技术经常进行相互评价和自我评价，从而及时调整当前教育教学工作中的问题。

最后，社区教育教师应具备资源开发能力。在智能时代，社区教育教师应跟上时代潮流，开发出更多的动态学习资源以适应当前时代发展现状。《国家专业教学标准委员会生涯与技术教育专业标准》中提到，社区教育教师应加强跟学习者家庭成员、教育和商务伙伴、社区教育利益相关者的合作，从而对社会发展的实际需求有更加准确、真实的了解。

在当前的智能时代，社区的学习者需求的学习资源质量与数量都产生了明显的提升，社区教育教师可以学习和借鉴美国的社区教育教师专业发展经验，积极与学习者家庭、企业等展开多边互动，做一个"研究者""合作者""开发者"，以行业需求为出发点进行科学研究，在多边互动过程中逐渐突破自我，加强资源开发能力。

综上，我国社区教育教师在当前人工智能时代背景下的专业发展方向主要集中在三个方面，即专业理念、专业知识与专业能力，这三个方面是对当前时代特征的体现，也是当前时代对人才的要求。有一点必须要注意，教师专业发展的一大重要指标是师德。作为规范社区教育教师发展准则，师德引导教师树立职业理想，遵守职业道德规范，是众多学者专家在经过大量研究之后所得到的节律。如今，智能工具的广泛应用以及智能环境的不断发展对教师的专业知识、专业理念、专业能力等都提出了更加严格的要求，然而却并没有对教师应具有的道德品质方面产生明显的冲击。事实上，对于教师来说，不管其处于哪一个时代，都应该恪守教师职业道德规范，努力提升道德品质。

第三章　我国社区教育的主要模式与课程开发

第一节　我国社区教育的主要模式

实践活动、有关理论建设的可被类同、可操作的标准式样，称之为"模式"。在实践方面，指的是操作方法、组织形式；在理论方面，指的是事物的功能、结构。

可仿效性、方向性、可操作性、稳定性、理论性等都是教育模式的特点。我国的社区教育积累了一些经验，但现在还具有经验不够丰富和不平衡性的特点。强化对社区教育的探索，尤其是要强化对不同层次、地区的社区教育模式的探索，努力建设符合个人发展水平、符合地方特点、科学、合理的社区教育模式，同时还要强化各地区的交流、合作，各地区之间可以相互学习成功的经验，可以有效推动我国社区教育事业不断发展、进步。

一、辐射型模式是中国社区教育的主体模式

以矿、厂、学校、企事业单位为中心建立的社区教育，就是辐射型社区教育模式。这种模式利用自己的优势，让教育功能外化，并主动参加社区建设。社区教育是一项综合性工程，具有很强的群众性，社区中的人不仅是实施教育的人，还是要接受教育的人。社区中的每个企业单

位、学校，都要将信息、人、物、财等资源优势有效利用起来，各个学校、企业还要加入到社区教育中，努力提升社区人们的素质，推动精神文明建设，是建设大教育体系的关键。领导者、赞助者的不同，会导致辐射型社区教育有不同的模式。

（一）学校中心辐射型社区教育模式

学校身为传播文化、科学技术知识的重要场所，在信息、人才等方面具有社区优势。学校作为社区教育的主要活动场所具备非常强的文明、教育、文化辐射能力。所以，把学校作为中心的辐射型社区教育模式，主要存在于乡村、城市中。从不同类别的学校来看，还有大学、中学、小学等辐射模式。

1. 小学辐射型

天津市红星路小学将学校的优势充分发挥了出来。红星路小学不仅积极给社区提供服务，还帮外省的学生解决了因为户口没有办法办理入学以及住房问题；帮天津的流动性人口组织了培训班，来提升他们的文化水平；主动参加社区的文化建设，给社区带来了多样化的文艺节目，充实了居民的文化生活。红星路小学的这些举措，不管是在社区文明建设方面，还是在社区治安综合治理方面，都产生了比较积极的作用，受到了社区居民的热烈欢迎。南京的行知小学积极参加了农村成人教育，创建出一条以农村小学为中心的辐射新路。从1984年开始，行知小学的老师们就一直坚持免费给农民扫盲，联合国教科文组织还曾对他们进行过考查，他们在这个领域也取得了比较突出的成绩。

2. 中学辐射型

学校可以向社区成员开放学校场地，与此同时，学校还会利用设备、师资等优势，给社区成员、社区单位开设各种培训课程，一起培养合适的人才。北京市裕中中学就向社区成员开放了学校场地，社区成员可以在每周六早晨8：00—12：00、每天早晨5：30—6：30进入学校，在学校开放期间，社区成员可以免费使用学校中所有的体育设施。社区居民还可以在每周六的晚上，到学校免费观看爱国主义和教育类的电影。北京市31中、月坛中学、西城师范、二龙路中学等学校，向社区成员开放了学校的健身房、图书馆、操场等场所。学校的这些举措不仅得到了社区成员的认可，还提高了他们对教育的支持度。北京市 128 中凭借着理论优势、教育人力资源，创办了家长学校，他们按照家长的需求、各年级学生的身心特征，给家长提供了理论、家庭教育方面的培训。举办了"青少年个性心理特征""家长的修养""如何指导孩子学习""青春期教育"等方面的讲座。不仅优化了教育环境，强化了家长参与教育的意识，还提升了教育水平与家长对教育的认知。上海市东新中学根据大家的需求，利用社会力量，建设了知识面广、技能性高、专业性强、地区性强的专业技能教育。比如，机械车辆维修班、驾驶员培训班、会计班、英文打字班等，他们还成立了沪剧艺术学校，不仅充实了学生的教育内容，还定期带他们到社区进行巡演，这样社区的文化生活就会变得丰富多彩。

3.大学辐射型

中国人民大学的学生运用自己学到的知识，到北京市双榆树参加社会实践，让自己学到的知识可以应用到实践中，让实践和理论可以很好地结合。更关键的是，他们将工作、管理知识传递给了街道，这样大学的教育资源就可以辐射到社区中。这些学生有的到中小学任教、有的担任班主任、还有的在街道居委会任职。这些年来，中小学教育工作、街道工作都产生了很好的改变，取得了很大的进步。

学校中心辐射型社区教育模式，将社区中学校的教育专业化优势充分发挥了出来，提升了教育资源的利用率，它有效推动了社区教育的开展。与此同时，学校踊跃参加社区建设、社区教育，积极给社区提供服务，可以在很大程度上提高社区对教育的理解与认知，这样还能提高社区参加学校教育的积极性，让他们用更大的热情投入到大教育体系的建设中去。

（二）企事业单位辐射型社区教育模式

利用社区各个单位具备的优势，将其在社区教育中的作用充分发挥出来，提升社区教育的活力，是中国社区教育发展的重要策略。

1.企事业单位辐射型

南京市电力自动化研究所，经济效益较好，技术力量雄厚，人才资源充足。为研究所里的职工创建了好的生活、工作环境，强化对研究所职工的政治思想教育，让他们养成了良好的价值观、人生观。在培养职工时代精神的时候，还鼓励地方开展各种正向活动。例如，在暑假和寒假时，开展了以"计算机培训班"为主的各种活动。这些活动不仅让社区中的青少年掌握了文化技术知识，充实了假期的生活，而且还给社区的青少年思想教育做出了贡献，在社区教育中发挥了主导作用，让"综合治理、全民育人"的思想，慢慢变成了全社区的共识。

青岛市的消防队、公共交通管理局、税务等单位，利用自己的工作特点参加到社区的教育中，这样他们具备的教育功能就可以辐射到市区的学校。这些单位还和市区的中小学一起开展了"税务学校""小警察支队""少年消防团"等活动，还会派人进行税务、交通、消防等方面的知识讲座，并开展相关的训练。他们让中小学生参加税法宣传、消防演习、市区重要路口的交通管理等。青岛市的"少年消防团"，在全国、全省、全市的表演中都得到过好评。在这些单位的协助下，青少年学生了解到了与税务、交通、消防等有关的法律法规、基本常识，与此同时，这些单位中的职工也得到了锻炼。

2. 文化单位辐射型

社区文化部门，通常会通过开展多样化的文体活动，来实现社区教育功能的外化。

南京市鼓楼区的中央门街，在之前文化站的基础之上，创建了面积有 870 平方米的综合性、多层次、多功能、多方位的社区服务中心，该服务中心设有棋类室、录像室、图书阅览室、舞厅、老人活动室、残疾人康复室、培训室、指导室等多种服务设施。还有一个 10 余人的专职服务团队，开展业余培训。

武汉市硚口区主要由区文化局来培训文化队伍、开展文化活动、建设文化娱乐场所和文化设施。湖北省沙市区在建设社区文化时，将社会教育功能在精神文明建设中充分发挥了出来，推动了社区教育的发展。沙市区利用群众集资、政府投资的方式创建了文湖公园、青少年宫、科技馆等一系列的文化娱乐场所。这些娱乐场所的建立，不仅满足了城区群众（包括青少年）不断提升的文化需求，还帮青少年树立了良好的价值观、科学观。全区有很多的居民文化室，而且每一个街道都建立了文化站。大部分居民文化室与街道文化站，不仅时常创办美术比赛与文艺节，还建立了相应的活动场所。沙市区的社区文化建设活动，不仅给社区教育提供了坚固的基础，还营造了一种良好的社区文化环境。南京市鼓楼区将辖区的文化体育设施充分利用起来。他们在街道文化站、图书馆、儿童活动中心、少儿艺术学校、青少年宫等地，开展了科技兴趣小组、冬令营、夏令营、体育比赛等各种活动，在这些活动中学生的素质、个性特征得到了很好的提升和发展，促进了社会的教育化、学校教育的社会化，这也是文化推动社区教育的有益探索。

一般来讲，农村地区会在乡（镇）设立文化站，在县设立文化馆。文化站会在民族传统节日、农闲时期，开展具有地方特色的文化活动，这些活动推广了传统的民间文化、丰富了农民的生活。此外，这些活动还有助于培养当地的科技领袖。从 1998 年起，北京市就展开了农民职称评定的工作，乡（镇）文化和旅游部门对农民开展了科技培训，促进了科技培训工作的开展。农村乡、镇文化站对社区中小学生开放了活动室、图书室，不仅强化了社区的教育功能，推动了教育和社区的协调统一，还充实了学生的课余时间，为学生创建了良好的活动场所。

另外，我国社区教育有一种非常重要的模式，是中心辐射型社区教育模式。这种教育模式是普遍存在的，但是因为城乡间的发展并不平衡，所以它的表现形式也会有所不同。根据中心类型来看，乡村主要是学校中心型模式，因此，乡村还需要增加一些其他类型的中心模式；城市以学校中心辐射型为主，其他中心辐射型为辅。从学校中心辐射型的角度来看，城乡之间的表现形式也有一些差别。因为城市是本地区的文化、经济、政治中心，所以城市学校的层次较高，类型也比较多。而农村因文化、人口、交通、历史、科技等方面的影响，学校的类型还需丰富，层次还需提高。总的来说，乡村主要是学校中心辐射型教育，而城市的中心辐射型教育具备类型多、层次高的特点。

二、互惠型模式是中国社区教育的基本模式

互惠型模式指的是由两个及两个以上的实体单位，按照自己的需求，秉承着自愿、互利互惠的原则，共同组织社区教育模式。互惠、自愿是互惠型模式最重要的特点，这个特点不仅有利于大教育体系的构建，还可以提高办学者的主动性、自主性。

如果想在城市中建设大型商业设施，不仅要提高经济效益、加强物业管理，还要调整和国际接轨的经济结构，从而让大量职工转岗。同时，企业要组织新职工、转岗职工参加培训，企业职工培训与高层次人才的培养已经变成了重要任务。因此，一部分企业就建立了职工学校。比如，北京市煤炭公司、北京市奥之光实业总公司、北京市百龙集团总公司等，都扩充、调整了自己的职工学校。这样一来，他们就能给社会提供一些专业人才。公司培训人才，不仅需要有足够的师资力量，还要有大量的资金。所以，和成人大学、有关院校共同办学，就变成了培养人才的一种捷径。从乡村角度来看，乡镇企业的大量涌现，意味着这些企业需要一些管理人才、技术人才，不过因为师资、资金的限制，他们也必须和有关学校合作，共同培训、培养出所需要的人才。

虽然场地、教学设备、师资等都是学校的育人优势，但是很多学校在办学时还是会出现经费不足的情况。如果学校和企业结合起来，企业给学校提供实践场所、资金，学校给企业培养一批技术、管理人才，并利用自己的文化、信息、人力等资源辐射到社区，这样学校与社区就可以优势互补、互惠互利，可谓一举两得。所以，建立校企互惠互利、联合办学的教育模式是城乡社区教育的一项重要任务。一部分城乡社区的实践、探索，向大家展示了非常广阔的前景。

华东师范大学和上海长宁区长风新村街道一起举办的社区共建活动，效果就十分好。华东师范大学具有人才、学科、信息资源、设备等方面的优势，街道可以利用这些举行活动。华东师范大学冲破"围墙"，进入社区，参加社区发展与文明社区共建活动，创造出社区和学校互利互惠，共创、共建、共求社区发展的形式。

上海浦东经理人才进修学院改变了以往灌注式的教育方法，建立了"医科大学"式的培训模式。教授们不光可以讲课，还可以"动手术"，也就是讲解国际市场运用背景下的案例教学、观念变革，从而让学生产生改革的想法，引导学习者根据自己企业的真实情况，制订改革计划，并鼓励他们勇敢实践，让他们利用在国际市场背景下的管理观念，打破约束生产力的旧观念、旧理论，确定企业发展的动力，建设企业发展的约束、营销、发展、激励机制，获得了显著的社会效益、经济效益。

在北京市朝阳区人民政府的动员、协调下，全区各个行业相互配合，一起创建了社区学院。里面有两个较大的区属企业积极参加，其中一家企业还提供了一万平方米的培训中心，来建设社区学院，形成了校企结合，一起创建了社区成人教育学院。虽然联合开展社区教育的"互惠型模式"在农村社区不太多见，但目前农村也开始尝试这种模式。比如，南京市浦江县五里村小学就在与企业的合作下，跟广播电视大学一起创建了夜高中。五里村小学还跟社区工厂进行合作，广播电视大学主要负责教学、小学主要负责管理、工厂主要提供资金，他们合作的目的就是提升村办企业员工的素质。

互惠合作型模式有各种表现形式。比如，北京市的成人高校和普通高校，北京航空航天大学和北京市人民政府的合作，以及在海淀区职工大学的基础上，一起创建了北京海淀应用技术学院；上海市长宁区的"校校合并"，区教育学院、区业余大学、区第一业余中学、区职工中专、区教育培训集团、区成人教育培训中心联合创建了长宁社区学院。除此之外，还有"成人高校＋普通高校＋企业集团""校校合并＋校企结合"等模式。

在我国，主要是国家和地方财政来负责学校所需的办学经费。大部分企业单位在使用人才的时候，会采用"无偿"的形式，这样一来，企业向学校投入资金的动力就会降低。不过，随着用人机制和国家教育体制的变化，"互惠合作"的模式一定会展现更好的发展空间。

与此同时，企业可以向学校提前支付"定金"，学校按照"买主"的需求来定向培养人才，这样企业能得到符合企业需求的人才，学校在培养人才的时候，还可以参考社区的需求，这样不仅可以确保这项工作的有效性，还能满足企业的需求。所以，强化这个模式的建设，会变成社区教育的重要工作。尤其是在农村社区，不仅可以提高农民"科教兴农"意识，还能推动"'普、职、成'统筹""农科教结合"的实行，因此，这种培养人才的方式，有着非常重要的作用。

三、实体型模式是中国社区教育的超越性模式

在实体性机构的基础上，进行社区教育的模式，就是实体型模式。实体性中介培训机构、实体性中介组织管理机构都属于实体性机构。社区教育的协调、统筹、监督、指导、评签机构，就是中介性组织管理机构。随着社区教育工作目的、层次、内容、对象等方面的持续演进与发

展，现如今，社区教育委员会已经成为最常见的形式；社区教育的实行、组织机构，社区学院（大学）、社区培训中心、社区学校等都属于中介性培训机构。

城市社区中出现了中国社区教育之后，社区教育实体机构也随之产生，在社区教育的发展过程中，社区教育实体机构起着十分重要的作用。社区教育实体机构刚刚出现的时候，主要是中介性质的社区教育组织管理机构。这些教育组织管理机构的名称虽然各不相同，但作用却非常相似，主要是帮助学校做好青少年的校外德育工作，动员、协调社会各行业支持教育工作，有效推动学校教育的实行。伴随着文化、社会经济的发展和进步，社区教育管理组织慢慢实现了统一，主要体现在相继更名为社区教育委员会，范围也慢慢延伸到了许多大、中城市。社区教育委员会和之前的同名、异名机构出现了较大的区别，这个时期的社区委员会主要工作是协调、统一筹划社区中所有的教育资源，指导社区进行教育实践、评估实行效果，推动社会和全方位、全程、全员的教育，进行双向互动。

城市周围的城乡接合地区、农村地区等，因为受到城市的辐射，所以社区教育的水平相对农村较高，发展也比较快，而很多边远地区的社区教育实体机构还要不断创建、完善。

第二节　社区教育课程的开发

社区教育课程的主要目标，是社区居民和社区的可持续发展。社区教育课程主要就是为了排除、解决社区居民生活中出现的障碍和社区发展中出现的问题，在社区中开展并实施整合生活、环境、经验、实践、知识等学习活动、教育的过程。

社区教育的性质、特点决定了社区教育课程和其他类型的教育课程是存在区别的。社区教育课程的含义比传统学校教育课程的含义更广泛。社区教育课程不但包含系统的、正规的学科知识课程，还包含零散的、非正规的实践活动课程。在社区教育的整体课程中，这部分实践活动课程占有主体地位，而且这些课程主要是作为学习的主题、项目而存在的。

就体系而言，社区教育课程主要包括核心课程和社区本位课程两个大体系。核心课程指的是各社区根据所在区域、城市或者国家、民族在发展过程中，根据每个成员提出的素养要求而开发出来的课程。这部分课程有十分明显的"城市性、区域性"的趋同化特征。社区本位课程指的是特定社区根据社区人和本社区的特定需求，开展的具备自身特色的社区教育课程。

一、社区教育课程的功能

社区教育的核心就是社区教育课程，社区教育课程会直接影响社区教育的发展。其功能主要体现在以下几个方面：

（一）满足社区人教育、学习需求

多样化的社区教育课程，能够满足社区人的各种学习、教育需求。现代社区教育发展探究卫生保健、文化礼仪、休闲娱乐类课程，可以很好地满足社区中老年人的闲暇生活、人际交往、交友解闷等需求，这样就可以让社区中的老年人实现"老有所乐""老有所学"；在社区教育资源基础上开展的德育教育课程、青少年校外素质教育，配合了学校教育，满足了青少年提升人格、心理品质、社会化等方面的需求；社区教育培训课程还能配合劳动保障就业、"富民工程"，满足社区下岗失业人员改变命运与生活、提高生命价值、完成上升流动的需求。

（二）促进社区稳定和持续发展

社区教育课程是在社区人、社区发展问题的基础上建立的。社区人通过参加社区教育课程，来解决自身的发展问题，从而促进社区的可持续发展。社区教育培训课程可以帮助社区下岗失业人员进行重新就业，让社区居民实现共同富裕，从而推动社区进步、稳定、文明。

二、社区教育课程开发的特点

社区教育课程开发是社区教育教师、社区学习者、社区教育管理者从社区人的教育学习需求、社区发展出发，以居民生活中存在的障碍、社区发展中出现的问题为核心，进行的有效适应社区人自身需求、社区发展的社区教学活动、教育活动的过程。这个过程包含需求调研、明确课程目标、选择和组织课程内容、实行课程评价。

（一）社区本位性

在国际化程度较高、文化底蕴丰富深厚、政治民主健全、经济发达的社区，社区教育课程资源就会比较丰富、发展目标比较高、社区居民有强烈的学习需求。社区教育课程要把质量高、内容精致，作为主要的开发目标，社区教育课程还要满足社区人们追求国际化、现代化的要求。在文化、经济还有待提高的社区中，社区教育课程要努力建设职业技能类课程，从而满足社区居民致富、就业、谋生等方面的需求。因此，社区教育课程开发具有比较明显的地域特色，具有社区本位的特点，社区教育课程开发也是社区本位的课程开发。

（二）动态开放性

社区教育课程开发会根据居民需求、社会发展而不断变化，它不像学校教育课程那么固定，社区教育课程的周期也相对较短。唯有及时根据居民需求、社会发展，实时更新已经开发的课程、不断开发社区教育新课程，才可以让社区教育不断满足居民追求新目标的需要。与此同时，社区教育课程开发需要经历需求调研、明确课程目标、选择和组织课程内容、课程实施、课程评价，再重新到需求……因此，社区教育课程开发是一个循环往复、不断上升的过程，呈现出明显的动态性。社区教育课程开发有很强的开放性，没有统一内容、统一目标、统一计划。社区居民可以根据自己的生活意愿、发展目标，来选择相应的课程。社区教育课程开发具备的非整齐划一性特点，让社区教育课程内容丰富、种类繁多，给居民提供了多样化的选择。

三、社区教育课程开发的基础理论

社区教育课程开发、社区教育课程、社区教育、课程都是社区教育课程开发理论中的重点概念。它们既有本质区别，也相互联系。社区教育课程开发不仅要把现代社区论、成人学习论、社会分层论作为基础理论，还要把课程论的基本原理作为理论支撑。

（一）现代社区论

1. 社区发展

联合国针对社区发展，提出人民自己与政府机关机构协同改善社区的经济、社会与文化情况，把这些社区与整个国家的生活合为一体，使它们能对国家的进步有充分贡献的一种程序。中国的社区发展，是居民、政府、相关社会组织，共同找到和解决社区问题、整合社区资源、提升社区生活质量、提升社区环境的一个过程；是确定新型和谐人际关系、提高社区成员团结力的一个过程；是培养居民社区认同感（社区归属感）、共同体意识、养成自助和互助精神、强化社区参与的一个过程；也是促进社会全面发展的一个过程。由此可见，社区发展是包含社会、经济发展等各项活动，综合配套的一个系统工程。

社区是人们在特定空间里的生活共同体，是社会和个体之间的纽带、桥梁，还是社会的重要构成部分。作为社会发展的重要构成部分，社区发展也和社会发展存在着内在协调性、融合性。从社会发展的历史进程来讲，社区发展不管是对人的发展，还是对社会经济的发展，都有着非常重要的意义。只有把全社会的发展稳定建设在一个个社区的发展之上，并努力维持它们之间的协调性、一致性，社会才能走上良性、可持续性发展的道路。

虽然社区教育目前在我国还未进行统一界定，但从社区教育的不同视角和不同方面至少可以发现一个共同点，那就是社区教育的目的是提升社区居民的生活质量、素质，这也是社区发展的根本目的。社区教育课程开发中的"社区本位性"，明确了社区教育课程需要根据本社区的发展目标、问题来进行开发。社区发展和社区建设的重要着力点是社区教育。社区教育工作的中心问题、中心环节，就是社区教育课程开发。因此，通过社区教育课程开发服务于社区的发展、建设成了这个时代的必然趋势。发达地区利用兴趣、爱好类社区教育课程，提升人们生活质量、强化人们之间的交往、促进社区发展。社会经济有待提升的地区，通过解决社区问题、帮助居民学习生产技能等类型的社区教育课程，维护了社区的稳定，推动了社区的不断发展。

2. 现代课程论

泰勒在《课程与教学的基本原理》中指出，开发任何课程必须回答四个基本问题：①学校应该试图达到什么教育目标？②提供什么教育经验最有可能达到这些目标？③怎样有效组织这些教育经验？④我们如何确定这些目标正在得以实现？这四个问题被后来的课程专家进一步归纳为"确定教育目标""选择教育经验""组织教育经验""评价教育计划"，构成"泰勒原理"的基本内容。开发社区教育课程，也面临这几个问题。

查特斯在《课程编制》中指出，从事课程开发首先必须制定目标，然后选择课程内容，在选择过程中，必须始终根据目标对课程内容进行评价，强调了明确课程目标，在课程开发中的重要性。在社区教育课程开发中，我国著名学者厉以贤提出过类似的意见，他认为确定课程目标是课程开发的灵魂和标准，是一切社区教育课程活动的起点和归宿。[①] 因此，明确课程目标，是社区教育课程开发的重点、首要工作。通过社区教育，提升社区居民的生活质量、素质，解决社区居民生活问题、社区发展，满足居民和社区的发展需求，是社区教育课程的主要目的。课程目标越符合居民、社区的生活实际，就越能体现出居民、社区发展的真实需求，社区教育课程开展、实施也就越顺利。

社区教育课程和居民、社区的问题息息相关，而这些问题通常是具体、现实的，所以，他们需要的课程不是学科类的课程，而是以学习者、社会为中心的课程。这类课程还具有十分强的实践性，也可以说，社区教育课程其实也是实践性课程。

施瓦布认为实践性课程是环境、教材、学生、教师的统一体。学生与教师是课程的主体与创造者，学生是课程的中心。[②] 他还认为实践性课程开发的主体应该是"课程集体"，学校是这个集体的基础，校长、教师、社区代表、教材专家、心理学家、社会学家、课程专家、学生等共同构成了这个集体。[③] 在该课程集体中，学生和老师是核心，在课程开发

---

① 厉以贤．社区教育原理 [M].成都：四川教育出版社，2003：207.

② 徐辉．课程改革论：比较与借鉴 [M].北京：人民教育出版社，2011：160.

③ 高有华．国际课程专家的课程视野 [D].芜湖：安徽师范大学，2012：120.

中，要充分尊重学生、教师的主体地位，课程开发过程不能变成对学生、教师的控制过程。课程开发的核心问题就是学生、教师的问题、需要、兴趣，不过，这些问题，会因为人和情景的不同，而有一些差别。因此，施瓦布想法中的课程开发基地，应该是所有的特殊学校。社区教育课程开发是在特殊社区的基础上，根据这些特定社区、居民的生活需求而展开的。因此，社区教育课程开发其实就是"社区本位的课程开发"。

（二）成人学习论

社区教育课程的有效实施、科学设计，需要结合心理学方面的方法、知识。社区教育学习者是各年龄段的居民（以成年人为主）。对成年人的学习特点、学习能力、学习动机的分析与研究，对社区教育课程的开发，具有十分重要的指导意义。在课程的设计、实施过程中，能有效帮助社区教育工作者，关注学习者的心理特征。在设计、实施青少年社区教育课程的过程中，需要重点关注青少年不同于成年人的学习特点、学习能力、学习动机，青少年的社区教育课程还要设置一些和学校教育课程不一样的实施、组织方式。

在成人学习能力的早期研究中，桑代克就进行了"年龄与学习能力关系的曲线及智力对该曲线的影响"的研究。这个研究表明，一个人学习能力的巅峰时期是 22 岁 ~45 岁之间的 20 多年中，他的学习能力总量下降了大约 15%，平均每年只下降了 1%，这个研究结果表明成人的可教性依然很大。基于桑代克、卡特尔、韦克斯勒等人的研究成果，我国著名学者高志敏提出了以下结论：①成人的学习能力，不会随着年龄的增长为下降。②成人学习能力的提高，并不会随着身体的成熟而结束。③训练和学习是维持学习年龄的关键因素。这些研究成果表明，成人学习者应被视为社区教育课程设计中的重要力量，社区教育课程应该合理利用成人发现问题、理解问题、解决问题的能力。在进行社区教育课程的时候，要相信成人的学习能力。在评价成人学习成果时，应该使用科学、合理的方法，尽量不要使用测验、考试等测试机械记忆力的方式。[1]

每个成年人的学习动机，都会有一些差异。就年龄来讲，年轻人的

---

① 高志敏，蔡宝田.社会转型期成人教育、终身教育研究 [M]. 北京：首都师范大学出版社，2007：173.

学习动机，主要是为了满足他们求知的兴趣、欲望。年轻人的学习主要是为了更新知识、获得知识、充实自己、增强智力，为将来进入社会、职场打好基础。中年人的学习动机，主要是为了进行职业晋升。中年人的学习一般是为了得到某种职业资格、就业资格，从而得到晋升、加薪的机会，学习可以帮他们提高竞争力、得到转业转岗的能力、提升工作水平与能力等。老年人的学习动机，主要是利用集体学习的机会、环境，缓解居家的孤独、加强和其他人的交流，因此，对老年人来说，课程的内容、学习活动是次要的。因此，社区教育课程开发要"因人设课"，给年轻人设立一些科学文化知识方面的课程，给中年人设立一些职业技能方面的课程，给老年人设立一些交流、谈心式的活动课程。只有根据不同人的学习动机，提供不同类型的课程，社区教育才会具有生命力，才会受到各个年龄段居民的喜爱。中青年的学习动机具有一定的速成色彩。岗位部门频繁变动、职业结构调整、产业结构升级、知识更新快等也加强了中青年对速成学习的要求。社区教育课程开发应该正视这种情况，根据中青年群体的特点，开设实用性比较强的课程科目，通过短周期、多时段教学，提升中青年群体的学习效率。

四、社区教育课程开发的对策

（一）社区教育课程开发的原则

1. 立足社区

社区教育课程是在社区内开展的。在我国，各地区主要是根据社区管理、社区建设，来界定城市内部社区的。通常来讲，居委会和各种"单位"的管辖范围以及街道办事处所辖地域范围均被视为社区界限。因为各个社区的经济、历史、文化各不相同，所以，每个社区的发展、建设目标也会有所不同，而且每个社区居民的多元化，也让居民教育、学习等需求变得更加多样化。社区教育课程开发应以社区发展中的要求和问题为依据，社区教育课程还应该把提高社区居民素质、提高社区居民生活质量、服务社区居民作为主要宗旨，明确"社区本位"的开发原则。

"立足社区"的课程开发原则，要求社区课程开发要根据本社区的真实情况，进行需求调研、明确课程目标、选择和组织课程内容、实行课程评价。课程开发要求社区教育课程要因地制宜、实事求是，设计出能体现社区特色的课程科目。

2. 以人为本

社区教育服务于社区发展、建设，为提高人们的生活质量、素质而服务。人既是社区教育课程的主体，还是它的客体。如果社区教育课程不符合社区居民的真实需求，那社区教育课程就会变成无本之木、无源之水，就会丧失生命力。社区教育课程开发的出发点和落脚点，都是"人"，因此，满足"人"的需求，教育、培养、发展"人"是社区教育课程开发最核心、最根本的原则。

社区教育课程"以人为本"的开发原则，其核心意义在于以人为主体。通过分析、研究社区居民的学习需求，从而调动他们的学习积极性，这体现出社区服务课程对人的服务性。社区教育课程"以人为本"的开发原则，不能把人当成被衡量的对象，应该把人当作衡量的尺度，深化了人的主体性，这表明在社区中，人具有自主选择课程的权利。在课程学习过程中，社区居民占有主导地位，不是被动响应，而是主动参与。社区居民既是接受课程知识的主体，还是课程知识的传播对象。社区成员具有课程评价权。课程评价不仅需要教育者的判断，还需要学习者依据自身体验、感受进行评价。社区教育课程"以人为本"的开发原则，应该把课程开发本身当作有独立价值的目的，社区教育应该把人的终身发展、终身教育、终身学习当成核心任务、本质目的，这是人类生命永恒的主题。社区教育要真正做到为人民服务，帮助、引导人们完成全面发展，提升人们的整体素质，提高生活质量，通过人的终身发展、不断完善，才能真正推动社会的可持续发展。最后，社区教育课程"以人为本"的开发原则，不是作为某一种或某几个角色而片面存在，它是在于人作为自我而全面地存在。社区教育不应受到职业、年龄、性别的影响，应该对社区中所有的人一视同仁。社区教育课程在开发过程中，不可以只考虑某一部分群体的一部分需求，社区教育课程的开发，应该立足社区、面向社区成员，在社区中贯彻"人的一切"和"一切人"的社区教育服务精神。把以人为本扩展到更深层次、更广含义。

（二）构建"社区本位"的社区教育课程体系

课程不是各种学科知识的组合，课程体系也不是课程的简单糅合。课程体系应该是各类型、各门课程在宏观、中观、微观层面的结构优化与内在联系。本书提到的课程体系，指的是社区教育课程在宏观层面的优化、安排。只有满足社区学习者需求的课程体系，才能让社区教育课程发挥出它应有的价值，社区中的学习者才能有所收获。这就意味着，社区教育课程还存在着科学构建课程体系的问题。

1. 社区教育核心课程

社区教育核心课程，指的是以社会生活的领域与问题、学习者的需求为核心，努力平衡课程、社区学习者、社区之间的关系，整合重点学科知识构成的课程科目。这就意味着，所有的中国公民都要具备和中国特色社会主义国家体制相符的法律意识、政治思想观念、行为规范知识、道德准则。其构建主要有两方面：

（1）"大一统"思想。在中国漫长而辉煌的历史中，"大一统"思想已经变成了中国古代思想文化的重要构成部分。它是在中华民族的历史实践中构成的，是在中华民族及其文明的出现、形成、演变中，不断完备、孕育、成熟、升华的。"大一统"思想的内涵包含追求统一，反对分裂；宗法崇礼，协调稳定；"敬德""民本"，保民强国；普遍和谐，协和万邦；遵从进步，和而不同；博大多元，天下一统。其基本层次包括地理疆域的统一；政治制度的大一统；经济领域内的统一；思想文化领域内的大统一。"大一统"思想延续到现在，主要体现在社会经济、政治、教育、文化等各个方面，也会在一定程度上制约、影响社区教育课程对内容的确定、选择。社区教育课程无论在中国的哪个城市、地区，都会包含国情教育、道德法律、公民素质道德修养等方面的课程。这些课程在内容、名称上，都体现出了大一统、趋同性的特点。

（2）趋同的国民性格。每个国家都有其固有典型人格。比如，人们接受哪种教育、参加什么样的劳动、具备怎样的道德基础、把什么看作民族精神、具备怎样的价值观和思维方式等，都有明显的趋同性。只要是生长在中国的人，都会受到民族、宏观主体文化的影响。趋同的国民性格，主要体现在对社区教育及其课程的接受需求上，其中包含对课程内容的选择和组织、社区教育课程的作用、课程组织形式、课程传授方式等方面的认识、理解。

2.社区教育本位课程

每个社区都有其个别特点，例如，这个社区位于乡村还是城市，主要经济来源是农业、工业还是商业。人口的性别年龄分布、教育程度、职业、价值等，都具有特殊性。"社区本位课程"指的是由本社区的学者、教育专家、相关学习者、社区学校教师，根据特定的居民、社会情况，一起编写、实行、评价的课程。社区本位课程和核心课程相比，社区本位课程更强调重视特定社区、社区学习者的需求，社区本位课程还具有独特性、多元性。社区本位课程的构建主要原则是文化特色的区域性。文化是随着人类的产生和发展形成的一种积淀。人类的出现是分地域的，不同地区的人们形成了不同的地域文化。文化具有非常广泛的内容，琴棋书画、衣食住行中处处都体现着文化。但最为重要的文化，是人们深层的意识形态，也就是人们的理念、精神。不同地域的文化，具有不同的特点。比如，善于开拓、勇于进取的岭南文化；以宏大的金融意识为底蕴的海派文化；以孔孟儒家崇尚进取、积极入世为特征的齐鲁文化；由于历史上商贾云集，重商遗风远扬的江浙文化；宏大、典雅的京派文化；等等。因为不同地区的文化各不相同，所以各个地区在产业、发展水平、产品、消费意识、经济思维、消费意识、商贸意识、经营管理水平等方面也会有所不同。

在居民、社会情况的基础上，建设具有社区特色的社区本位课程，变成了一种必然趋势。对教育者工作者来讲，他们重点是要认识到，人们应该是各种社会群体、各种阶级的成员，人们不仅有社会性别身份，还有生物性别身份。这部分属性让人们都具备了同一性、多样性。抛开特定的差异，每一个人都是人类大家庭中的一个成员。这种统一的多元性决定了在建立社区教育课程体系的过程中，不仅要设置社区本位课程，还要设置核心课程。

（三）完善社区教育课程开发对策

1.建立"社区发展需求导向型"课程开发模式

在《辞海》中，"模式"也叫"范型"，通常是指可以作为模本、变本、范本的式样。在现代科学研究中，模式是实践和理论的结合，它是经过理论加工之后，形成的可推广、模仿、借鉴的"标准样式"。

　　模式是经验的抽象概括和理论的具体化。一方面，它能在实践经验的基础上，通过综合、概括、归纳而提出，然后在实践中经过普遍检验，上升为理论；另一方面，它还能在相关理论的指导下，通过分析、类比、演绎而提出，然后应用到实践中，从而具有指导实践的功能。它和"方法"有关联，但它不等同于方法。方法属于操作范畴，而模式不仅有操作性，还有理论性。

　　本书中提到的社区教育课程开发模式，是指社区教育课程开发依据与遵照的模本、范例、样式。它是一套在社区教育课程开发实践中努力总结、提炼、归纳，并不断指导社区教育课程开发实践的理论，是理论和实践结合的产物。

　　中国著名学者黄健提出了一种新的"需求导向型"的社区教育课程开发模式。在此模式的启发下，中国社区教育从实践出发，以社区教育课程观为指导，提出了"社区发展需求导向型"的社区教育课程开发模式，具有较强的实践价值。本书中提到的"社区发展需求导向型"的社区教育课程开发模式，就是围绕社区人与社区互动持续发展中的"问题"，从学习需求调研入手，明确课程目标、选择组织课程内容、实施课程计划，最后到评价课程而进行的循环深化的社区教育课程开发过程。这种模式的出发点和终点，是发现、解决、消除社区发展中的问题和居民生活中的"障碍"，如图 3-1 所示。

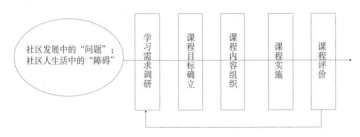

图 3-1　"社区发展需求导向型"社区教育课程开发模式示意图

　　（1）学习需求调研。在社区教育课程开发实践过程中，通过需求调研发现了"以供代需"的情况。为了解决这种问题，可以根据社区教育课程开发规律，明确"以需定供"的调研观念，建立以人为本的工作方法，调查、了解社区和社区发展中存在的现实问题，不能主观假想居民的需求，要根据社区成员、社区真实发展的需求，来设立科目、课程类型。只有这样才可以真正做好需求调研。

要想做好"以需定供"的需求调研，就必须要完善课程开发调研团队。参与社区居民学习需求调查的主要人员、机构包括社区学校、社区教育指导中心、社区教育课程开发专家、社区教育委员会、社区学习者、社区学校的专兼职教师。这些机构和人员，对社区教育起到了协调、指导作用。

在进行需求调研的时候，不管是使用电话访谈、面对面访谈，还是使用座谈会、调查问卷等方式，都需要确定社区教育科目和教育课程，与此同时，在进行这些工作的时候，还要坚持"以需定供"，也就是掌握社区人生活、社区发展中存在的"问题"，并设立以解决"问题"为主的科目、课程。

（2）课程目标的确立。要处理好社区居民生活、社区发展中出现的问题，努力提升社区居民的生活质量、素质，推动社区发展、建设，才能明确社区教育课程的开发目标。课程目标越符合社区发展、建设的需求，体现人们的真实需求，贴合人们的真实情况，社区教育课程就越能顺利开展、实施，大家对这个课程的喜爱程度也会越来越高。

管理者、社区教师、社区学习者不仅共同制订出了社区教育课程开发的目标，还一起展开了关于有效学习社区教育的研究。因为有社区民众参与课程规划设计，才能有效反映社区民众的需求，所以，在课程研发过程中，社区学习者、管理者、教师还必须要共同制定出课程的学习目标。

伴随着社区教育的发展，将来有关部门应该设立专门的课程规划研究小组，这些小组可以对课程的开发与设计提供制度化、专门化的意见，提升社区教育课程的档次、质量。

（3）课程内容的选择与组织。根据社区居民的学习需求，结合各种课程目标，进行决策，把合理、合适的学习需求，变成社区教育的一些课程。

陶行知主张"教学做合一"的生活教育理论的教学论思想，他表示，要活的书，不要死的书；要真的书，不要假的书；要动的书，不要静的书；要用的书，不要读的书。总的来说，要以生活为中心的教学做指导，不要以文字为中心的教科书。以陶行知这一观点指导课程内容的选择，社区教育用书需要包含这几类：①劳动生活类。主要包含种麦指导、种菜指导、养鱼指导等10种指导。②健康生活类。主要包含选择食物指导、选择衣料指导、防备霍乱指导等10种指导。③艺术生活类。主要包含弹琴指导、演戏指导、编剧指导等10种指导。④科学生活类。主要包含用显微镜看细菌、用望远镜看天象指导、调换新鲜空气指导等30种。⑤社会生活改造类。主要包含师生创校指导、人类互助指导、治家指导等10种指导。跟现在的社区教育课程相比，陶行知提出的这种体系，和上海浦东新区使用的卫生保健类、生活常识类、文化礼仪类、职业技能类、道德法律类等课程十分相似。与此同时，陶行知提出的"生活即教育"，在南京鼓楼区的青少年教育、早期教育、家庭教育、妇女教育、下岗就业培训教育、残障人员培训教育、现代市民素质教育、在职人员继续教育、新经济组织从业人员教育、流动人口教育、军地两用人才培训教育、老年教育等课程中都有所体现，这些课程会根据社区成员的职业、年龄来设置课程内容。随着社会的不断发展，陶行知提出的一些课程科目已经无法完全适应现在的生活需要了，不过，他的课程设计理念、思想，依然是目前社区组织、选择课程内容的理论支撑。

（4）课程实施。在社区中，学习者具有自主选择课程内容、制订目标的权利，在开展社区教育课程的时候，要坚持"以社区学习者为中心"的指导思想。在社区中，大部分的学习者都是成年人，因为成年人具有自我负责的能力与意识，所以社区教师在开展课程的时候，就要将成人的自我负责能力、意识充分利用起来，社区教师要把这些社区学院看成有价值的问题解决者、思考者、创造者。教师在开展课程的时候，一定要注意以下几点：

①组织形式多元性。教师在组织课程的时候，要根据学员的角色需求、年龄，来确定具体的课程形式、内容。现如今，在社区教育课程中，大部分都是出于兴趣而参加的老年人。因此，社区教育课程应该根据这部分人的特点，开设相关的兴趣课程。比如，插花、剪纸、唱歌、跳舞、绘画、书法等艺术娱乐课程，能满足老年人群体对休闲娱乐的需求。

社区教育的学习目标具有学习环境随机、非功利性、学习资源以实务为主、学习过程自愿性与参与性等特点。这些特点表明，社区教育课程还会经常使用活动课程的形式。除此之外，还可以通过观看视频的形式，提醒社区居民保护环境；通过演讲会的形式，提升社区居民的普通话水平；通过知识竞赛的活动形式，对居民进行保健养生教育、文化教育。

隐形课程，还被称作隐蔽课程、无形课程。这种课程被很多学者称为"现代课程论的重大主题之一"，隐形课程和正式课程是相对立的。隐形课程指的是学习者在正式的技能、认知、态度教育之外，从非形式、无形的教育环境（包含在校风教风学风、规章制度等人文氛围中受到的熏陶）中，构成的价值规范、人格品位。社区中的绿化美化、人文气息、环境卫生等非实体精神文化，在潜移默化中影响着居民的文化、道德。因为每个社区都有比较独特的隐形课程资源，所以研究各个社区的隐形课程资源，提高每个社区隐形教育环境的水平、质量，发挥各个社区中隐形课程资源的作用，就变成了一个非常重要的课题。

社区教育主要是为了提升居民的整体素质，让他们的精神得到满足。所以，社区教育课程主要是在多种学科活动、知识基础上建立的社区教育综合课程，会根据学习者的生活经历、学习基础，提升他们处理真实问题的能力、综合素质。

②学习时间灵活性。职业、层次、年龄不同的社区学习者，对学习时间也会有不一样的要求。老年人有非常充足的休闲时间，所以老年人对课程学习时间的要求并不严格。因为成年学习者的生活压力比较大，他们的工作也比较繁忙，休闲时间比较少，所以他们对课程学习时间的要求比较严格。总而言之，课程学习时间要根据学习者的不同需求，灵活设置成周末课程、平时课程；不脱产业余课程、脱产全日制课程；夜间业余课程、白天课程；等等。不过，在社区教育课程的实行中，学习时间的安排仍需改进。

③学习过程松散性。因为社区居民的文化层次不同、职业分散、结构复杂，所以，社区居民在学习课程时具有多样性的特点。长期课程的学习质量很难保证，而短期课程的学习质量相对比较好保证。所以，为了让松散性的社区居民更好地进行课程学习，社区也必须制定有效、严格的学习管理制度，向这部分学习者提出学习要求，让学习者进行自我

管理，这样就能确保课程的顺利进行。当然，要想实现这一点，课程必须是根据学习者的学习需求而制订的，课程内容必须符合学习者的真实需求，课程的开展方式也必须符合学习者的特点、兴趣。

④课程价值评价性。课程评价主要是为了研究课程具备的价值，是对课程在提高学习者学习能力方面的价值进行判断的活动。在课程中的作用包括预测教育的需求、比较各种课程的相对价值、明确课程目标的完成程度、诊断课程、完善课程等。社区教育课程评价的主要目的，就是收集课程结束后学习者的反馈信息，从而提高课堂效率。一方面，课程评价让工作者，更好地调整、完善了社区教育的课程、提升了课程的质量和档次，得到了大家对课程的认可。另一方面，课程评价让学习者认识到了自己的学习情况，有效提升了学习效果。

根据课程评价的目的，课程评价主要分为课程实施、学生学习、教师教学等三方面内容。学习者可以通过评价，了解自己的情况，从而提升自己的学习效果。对学习者学习情况的评价，主要是由教师来负责，有时也可以让学生进行自评。

对教师教学的评价，主要是为了帮教师进一步掌握居民的学习特点、学习需求，教师快速提高教学效果。可以让学习者、社区教育专家对教师的教学进行评价。在这两种评价的基础上，对课程开发的情况展开综合性的评价，了解课程实行的效果、社区学习者对课程的满意程度，详细的评价步骤为：

a.每一次开展课程，不管是技能课，还是知识课，都必须有专人进行记录。记录的内容主要有学习者和教师的配合程度、学习者对课程内容的反映情况、学习者的出勤率等。可以根据这些记录，对教师进行最后的评价。

b.教师可以在课程结束之后，对自己的上课情况进行总结，思考自己有哪些缺点和优点，有哪些地方讲得比较好，哪些地方还需要提升；还可以听一听学习者对课程的建议，询问他们对课程内容的接受情况，以便日后进行改进。

c.对团体、个人，不仅可以建立记录卡作为考评的依据，还可以给予适当的奖励。这里提到的团体、个人，是指教师与学习者。在记录以往课程学习和传播的基础上，对教师、学员进行相应的精神、物质方面的刺激，能促进学习者、教师积极参加到社区教育的课程开发中。

2.完善社区教育课程开发

（1）明确社区教育课程观。在进行社区教育课程开发时，要明确社区教育课程观。社区教育课程和开发目标都是为了满足社区居民、社区发展的需求。社区教育要在教育公平思想、终身教育理念、成人学习论、现代课程论、社会分层论、现代社区论等指导下，明确课程理念。要坚持在社区、发展目标、本社区问题的基础上，建设社区教育课程。开发课程的重点是社区，在开发过程中，避免"区域性""城市性"的趋同化情况，强化"社区本位"的特征，要做到有效服务于社区，还原社区教育"社区"的初衷。以人为中心、重视社区居民的发展，努力解决社区居民生活障碍，提升他们的生活质量、素养，把课程开发真正落实到所有社区居民，有效提升居民学习需求的实效性。在这个观念的指引下，不仅能形成"以需定供"的局面，还能从根本上避免发生"以供代需"。否则理念不清晰、明确，转变"以供代需"就会非常困难。

（2）完善社区教育课程开发机构职责。为了促进社区教育发展，社区教育课程开发机构要将"课程开发"视为机构的重点工作，机构还要在岗位职责上，明确课程开发在整个社区教育工作中的重要位置。

比如，在"社区教育课程实施评估标准""社区学校指导评估标准"中，强调课程开发的重要性，把课程开发作为衡量校和校、区和区之间社区教育工作的重点。除此之外，还要加强责任人开发社区教育课程的意识，这样就能真正实现课程开发的重要地位。

（3）提升社区教育课程开发人员专业素养。社区教育课程开发人员的专业素养，决定了其是否能按照各环节的具体要求和"社区本位""以人为本"的开发原则进行，因此，应该增强对社区教育课程开发人员的专业培训。区、市有关主管部门要设立专门的培训机构，对社区学校的专兼职教师、社区教育机构的专职工作者、管理人员进行专业的业务培训，让他们掌握一定的工作方法、专业知识，努力转变他们原本的思维习惯，以适应社区教育工作，从而促进现代社区教育课程开发，向着更科学的方向持续深入发展。

第四章　社区教育的实践

第一节　社区教育资源开发

一、社区教育资源开发概念概述

（一）教育资源

对教育资源进行定义并不是一蹴而就的，而是经过专家不断地补充所得出的。教育资源在早期被专家定位为教育所需的经济条件，即在开展教育活动过程中，消耗、使用以及占用的财力、物力、人力等各种资源的总和。有些专家在此基础上增加了知识内涵，指出教育资源应该包含和教育相关的信息资源以及总结的历史经验。另外，有些专家将教育资源当作财力、物力、人力等具体物质资源和信息、时间、无形资产等非物质资源的集合。甚至有专家站在动态的立场，根据开发和运用教育资源的形式不同将其分成四种：客观存在且经过开发后才能形成的原生性教育资源；借助教育物质资源衍生出的具有文化教育功能的衍生性教育资源；依托政府制定的相关政策、制度、法律法规、方案等政策性资源组成的再生性教育资源；将原本资源重新组合或者在不存在的资源的基础上创新出来的创生性教育资源。①

---

① 联合国教科文组织国际教育发展委员会.学会生存[M].北京：教育科学出版社，1999：230.

上述对教育资源类型的阐述有一定的差别，前两种阐述是立足于教育经济学的角度提出的，后两种阐述却是从多个层面统一分析得出的，如社会层面、文化层面以及经济层面。在所有的教育资源中，最基本的资源就是物质资源，如财力资源、物力资源、人力资源等，至于其余类型的资源也是教育资源中不可或缺的关键部分。形成这种情况的根本原因是教育不能单独存在，它是社会有机体的一部分，当社会中政治、经济、文化等各种条件一同发挥作用时，才能证明教育的存在，并推动教育平稳地运行和发展。所以，教育资源也要从政治、经济、文化、社会等多个角度划分，从多角度分析教育资源其实就是了解教育实践过程的本质特性。所以，我们可以赋予教育资源独特的定义，即确保教育实践成为能够完整开展、拥有教育意义的条件的集合，它不仅包含具体的物质资源（财力、物力、人力），还包含发挥这些元素作用的有关条件（信息、环境、制度以及政策）。

（二）社区教育资源

站在国家的角度上，教育资源其实是社会所有资源分配到教育工作中的资源，这些资源又被划分给不同地区、不同层级的教育，如小学、中学、高校等。社区教育资源就是划分到所有社区中的教育行业的资源，它和其余教育资源有明显的区别，它的资源类型十分复杂，它可以是隐性和显性教育资源的结合，也可以设计无形和有形教育资源的结合，甚至是教育性机构和非教育性机构教育资源的结合等。所以，社区教育资源就是帮助社区开展教育的所有资源，换言之，就是确保社区教育平稳运行的所有资源，不但包含物质资源，如财力、物力、人力，还包含非物理性质的资源。本书参考许多专家的定义，将社区教育资源分成下列几种：无形教育资源、个人学习资源、非教育机构的教育资源以及教育机构的教育资源。

无形教育资源指的是所有不具备教育形态的资源，如社区教育机构领导的教育政策、教育观念，社区居民的归属感、社区意识、教育意识以及精神文化生活，社区的绿化环境、学习氛围等。

个人学习资源指的是个人在学习时可能用到的专业知识、工作技能、特长、总结的工作和生活经验等。它可以从属于无形教育资源，也可以从属于非教育机构的教育资源。

非教育机构的教育资源指的是社区的财力资源（经费和所有课程资源）、物质资源（文化教育基地、博物馆、图书馆等）以及人力资源（教师、管理者、居民）等。

教育机构的教育资源指的是社区内所有正式的教育机构（高校、中学、小学等）必备的教学资源（教学教材、资料、教学场地、教学设施等）和人力资源（教师、学生）。

（三）开发

"开发"在《语言大典》中有明确注释：它是对某个物体使用某种手段后，使其从隐藏状态转变成外显状态，从没有完全达成或根本达不成的状态转变成达成部分或全部的状态，这个过程并不是一蹴而就的，而是不断变化的。它主要实现事物从不充分条件转变成充分条件的过程或者直接实现无中生有，前者是提升事物的利用率，后者是转变事物性质或增加事物数量。所以，开发拥有两层内涵，一种是提升利用率，另一种是增加数量。

（四）社区教育资源开发

社区本身具备大量的学习资源和教育资源，但实际的利益率并不高，而且社区在开展学习和教育活动过程中往往需要多种资源的配合，导致社区现存教育资源得不到充分运用。想要消除现有资源与教育需求不匹配的现象，不能只增加社区教育资源在社会总资源中的比例，提升社区资源的总量，还要通过某些方式将社区内的现存教育资源整合在一起，并对一些闲散资源重新赋予教育意义，保证社区能够高效、充分地运用所有资源。所以，本书中开发社区教育资源指的是通过某种方式将社区中闲散资源或者利用率不高的资源转变成可以高效运用的资源的过程。

它同样具有两层内涵：一是增加社区教育资源的数量，简单讲就是依据社区教育的要求，增加社区教育资源的数量，如加大投入经费、创建更多教育基地、增添教育设施和教师人数等；二是提升社区教育资源利用率，就是通过整合闲散资源或利用率不高的资源，提升资源的使用效率。比如通过资源改制、资源整合等方式，高效运用原本未利用或利用率低的教育资源；开展对应的教育培训活动，完善兼职和专职教师的技能结构和知识结构，提升其综合素养。总而言之，社区为满足所有居民的多样化教育需要，可以在遵守可持续发展原则的基础上，尽可能充分地运用和开发社区内所有类型的教育资源（无形的、个人的、非教育机构的、教育机构的），以保证社区教育高效、合理、科学地开展。

二、社区教育资源开发的原则与对策

开发社区教育资源指的是在社区现有教育资源的基础上通过整合、统筹等方式，再结合社区教育的发展需求，寻找和运用新的教育资源。社区本身蕴含着大量的教育资源，如何开发、遵循什么原则，以及如何高效应用却是一个艰难的抉择，而且在实践过程中往往会遇到形形色色的难题。

（一）社区教育资源开发的原则

社区教育资源开发原则指的是在开发社区教育资源过程中必须要遵守的规范和要求，研究对应原则的目的，是为了了解各种原则的规定范畴，从而实现教育资源的最佳组合。需要遵守的原则如下：

1.“社区本位”原则

在社区教育的发展过程中，有两种十分突出的趋势，学位本位和社区本位。社区本位即以社区为中心，注重社区的发展和收益，它有两层含义：第一，依据社区的发展需求开发社区教育资源，最终目的就是推动社区综合发展；第二，开发社区资源的形式和内容因社区而异。这种情形下，遵守社区本位原则开发教育资源必须围绕社区实施所有措施，即依照社区的经济发展条件以及社区居民的精神文化生活，选择符合实际、能够达成目标的方法。详细表述就是，创建一个由多个主体参与的统一的管理机构，其中社区为中心，相关教育部门负责业务引导，社区所有居民和社区组织共同参与；合理规划社区的文化教育活动中心，为社区所有居民提供相关设备和服务；高效运用社区现有的人力资源，创办对应的教育活动和教育课程，还要吸引社区居民、社区组织以及驻地企事业单位投入一定的资金、物品；最关键是要营造良好的社区环境，培养社区正确的风俗习惯，引导居民形成正确的价值观，养成正确的行为习惯和生活方式，美化生活环境，提升社区意识和归属感，在创建绿色社区的基础上，打造特色精神社区，提高社区的综合竞争力。[①]

2."以人为本"原则

以人为本意味着要尊重和理解人的本性，同时要肯定它的意义和价值。坚持这个原则其实就是在尊重和肯定人本身意义和价值的基础上，通过种种方式实现更多的价值。在未来，人们会在社区中会花费大量时间，社区会直接影响未来社会中人的发展前景，它不管是在相互帮助时还是合作学习时，甚至通过更深入的方法学习公民的相关义务和权利时，都有重要作用。[②] 所以，坚持以人为本原则开发社区教育资源时，人们会不由自主地关注它能否实现社区和个人的和谐发展，能否保障个人和社区的发展与开发和运用资源相匹配，在此过程中，一定要选择规范化、制度化的方式。具体来说，就是首先创造一个社区居民随时随地都能接受教育以及自主学习的轻松愉悦的学习和生活环境；其次根据社区居民的个体要求（如自我发展、归属感需求等），开展各种各样的教育活动和课程（如娱乐型、发展型、技能型、实用型等），保证每个居民都能依照自身的爱好、特性以及兴趣选择相应的课程。这个目标和创建学习化社区的目标基本一致，都注重社区所有成员的学习需求和学习权利。

3.开放性原则

这个原则意味着要改变不同社区以及社区内部各个机构故步自封的状态，加强它们之间的相互沟通和交流。社区本身就相当于一个小型社会，它不仅拥有许多正式的教育机构（如小学、中学、高校等），还拥有许多非教育机构（如社区娱乐中心、活动中心、图书馆等），甚至还有大量驻地企事业单位创办的培训机构。遵守开放性原则开发社区教育资源，首要解决的问题就是加强社区和学习之间的交流，达成团结协作、共同发展的目的。站在学校的角度看，想要获得更进一步的发展，只依靠自身的力量根本无法实现，因为它和它所处的社会有着密不可分的关系。因此，它需要和社会中所有组织或机构搭建交流的桥梁，如其余学校、

---

① 刘庆龙，冯杰.论社区文化及其在社区建设中的作用 [J].清华大学学报（哲学社会科学版），2002，17（5）：21.

② 联合国教科文组织.教育——财富蕴藏其中 [M].北京：教育科学出版社，1998：97.

社区、有关部门等。① 开放社区不但能让社区教育获得广阔的发展空间，而且能通过整合和运用相应的教育资源，加速社区教育的发展。其次，教育机构之间相互开放自身的教育资源。每个学校都有自己的教学课程、教学设施等教育资源，如果对其他学校开放，不但能实现教育资源的最大化应用，扩充、更新本校的教育资源，而且能从根源上突破不同级别、不同类型教育之间的限制，创建一种弹性教育制度，在面对各种各样的变化时更能从容不迫。一个全方位开放的教育制度可以让学习的人拥有更宽广的选择范畴，随意选择这个机制中所有的教育内容。② 社区居民可以自由选择喜欢的学习场所、内容、形式以及载体。

4. 综合性原则

这个原则注重的是每个部分相互作用，一同推动整体的平稳发展。换言之，就是打破只关注自身发展的眼光，摆脱独自发展的思维，将目光放在整体综合发展上，通过功能整合推动整体发展。教育发展与经济、政治、文化的发展休戚相关，所以，遵守综合性原则开发社区教育资源时，有两层含义：第一，依据社区居民的文化教育需求，在社区内营造一种文明和谐、积极向上的学习氛围，增强居民学习的主动性，同时结合社区中经济、政治、文化发展的真实状况，在社区发展和建设的整体规划中高效开发社区教育资源，保证社区教育的开展不会脱离实际，也不会落后时代；第二，开发教育资源不单单是教育部门的职责，还需要多个相关部门的配合并提供一定的支持，如文化部门、民政部门、体育部门以及精神文明建设机构等，教育部门要做的就是加强与这些部门的交流和沟通，同时做好组织、协调以及管理工作，让社会各个层面的机构都参与到教育工作中来，在社区中营造人人热爱学习、随时随地能学习的美好画面。创建一套社区教育实现横向合作、纵向贯通、纵横沟通的可持续发展的运行模式，推动社会形成共享教育资源的开放机制。

---

① 冯大明. 沟通与分享：中西教育管理领衔学者世纪会谈 [M]. 上海：上海教育出版社，2002：71.

② 联合国教科文组织国际教育发展委员会. 学会生存 [M]. 北京：教育科学出版社，1999：230.

（二）社区教育资源开发对策

1. 转变教育理念，树立新的发展观念

转变教育理念对开发社区教育资源起指导作用，好比即将裂变的原子核，在裂变过程中会散发出无穷的能量，它带来的影响远超过预期。所以，从本质上转变教育理念是合理、高效开发社区教育资源，加快社区教育建设进程的关键。这种观点有科学依据，在历史长河中有大量的史实可以证明此观点，如果在推进某个事物发展的过程中，一味地追加投入、购买新设备，但不及时改进社会以及人类的观念，就会导致社会文化和发展脱节，最后的发展结果都不理想甚至出现畸形。[①] 目前，世界已经步入知识经济飞速发展的时代，所有人都必须在短短一生的时间里不停地学习，终身教育理念已经成为社会的主流，无论是发达国家还是发展中国家，在未来教育的规划中都将其放置在主导地位。所以，我国一定要应用新型的发展观念开发社区教育资源。

首先，要改进教育就是改变学校教育的传统思想，使现代教育脱离学校教育范畴，教育资源也不只存在于学校教育的系统中，它可以存在于社区的任意角落。社区教育资源不是以单一形式存在的，它不但包含拥有外在表现的教育资源，也包含隐藏在内里、有潜质的教育资源；它可以是有形的物质资源，如财力、物力、人力等，也可以是无形的资源，如社区环境、氛围、归属感、社区意识等。在开发社区教育资源的过程中，要打破传统教育观念的固定模式，应用先进的、现代的管理理念以及终身教育的思想。其次，重新理解社区和学校之间的关联。现代社会中，社区和学校之间的关系并不融洽，有一些阻隔，学校是教育中心的观念仍然占据一定比例，这属于封闭式办学，这种观念不仅会让学校在未来教育中的地位逐步下降，还会妨碍社区教育的发展，不能开发闲散教育资源，形成学习化社会。不管是小学还是中学抑或是高校，一定要积极主动地改进和转变自身的教学理念，优化教育活动，提高学校作为社会服务机构的效用，满足社会民众的教育需求，在终身教育理念中寻找新的定位，这是厘清社区和学校关系的未来发展趋势。最后，所有的教育工作人员对于社区教育的概念和定位一定要形成共识，社区教育并

---

① 曾满超.教育政策的经济分析 [M].北京：人民教育出版社，2000：49.

不是简单地将社会教育和学校教育整合在一起，而是依靠社会中所有教育机构都贡献出自己微薄力量来开展各类教育活动的过程。所以，开发社区教育资源，教育部门的作用不容置喙，其余政府相关部门也要发挥自己的作用，主动配合并提供支持，在所有部门的通力合作下，社区居民一定能拥有更好地接受教育的条件，更乐于接受教育培训。

2. 加大舆论宣传力度，形成良好的社区教育资源开发氛围

转变教育理念的重要性不言而喻，另一个关键的条件就是要通过各种各样的宣传手段，使居民了解社区教育以及教育资源的重要性。虽然很多居民都认可开展社区教育、开发教育资源是十分重要的，但仍有许多居民甚至是管理人员表示，当前开发社区教育资源过程中总是会遇到各种困难，最有效的解决手段就是不断用各种舆论大力宣传，使所有居民都能了解其重要性。由此可知，部分社区居民并不是十分清楚它们的重要程度，还要加大宣传力度。

宣传的手段五花八门，可以是杂志、报刊、电视、广播这些传统媒体，也可以平台、网络、短视频这种新媒体，最终目的都是提升居民的认知，使其了解开展社区教育、开发社区教育资源的必要性和重要性，加深居民对终身学习理念的认知，保证居民生活在良好的教育环境中。

首先，从社会当前的状况来看，社区教育独自运营的难度很大，迫切需要政府的强制干预，加强人们对社区教育的认知。所以，政府的作用不可替代，可通过举办各种类型的教育培训以及宣传活动，加深政府相关部门领导对社区教育的理解，增强其责任感，保证他们能注重开发社区教育资源工作。其次，政府可以将《面向 21 世纪教育振兴行动计划》以及有关教育法规的要求和意义完整地落实，通过各种宣传手段告知社区居民开展社区教育的积极作用，不仅能提升社区居民的生活质量和综合素养，还能推动社区经济和文化飞速发展，与居民的生活以及社区的繁荣发展休戚相关，增强他们的社区意识和归属感，在最大范围内激起他们积极、主动参与社区教育活动的兴趣，推动社区教育资源的开发工作高效、顺利地开展。

3. 改革现存管理体制，加强政府对社区教育资源开发的统筹领导

改进现存管理制度并不断创新是开发社区教育资源的重要举措。通过管理制度的改进和创新，不仅能真正落实教育理念的转变，还能有效

推进开发社区教育资源的进程。如今，在三个实践社区中，管控和调解社区教育资源开发工作的相关制度已成功创建并取得了一定的成果，但仍然有各种各样的困难和条件需要去解决和改进，只有不断创新，才能真正创建完整的管理制度。

首先，政府部门要充分发挥自身的领导作用。社区教育刚刚兴起时，对应的政府机构，特别是机构的领导对社区教育的重视程度，直接决定该社区能否大力发展社区教育，教育资源的开发工作能否获得成功。如今，上海市的社区教育已经收获很多成果，教育资源开发工作进展很快，但是，政府并没有达成统筹领导管理和协调教育资源的目的，它们依然由多个部门单独管辖，这意味着不同单位、部门以及个人的技术、信息、资金、人员和设施等根本无法产生最大收益。所以，政府一定要充分发挥自身的领导作用，对分散在不同部门、单位的力量实行统筹管理，保证在开展社区教育活动时能够高效地调动、组织、调和社区各个方面的力量，形成整体。其次，教育行政部门以及社区各部门充分发挥自身的调节作用。政府负责统一分配各个社区的教育资源，还负责统筹管理各个社区开发自身社区的教育资源，但在实际执行过程中，是由教育行政部门以及社区各部门负责管理和协调，所以，为了充分发挥其调节功能，可以通过民主选举的方式创设对应的教育委员会，所有成员分别代表社区的各个层级，从真正意义上发挥积极作用。最后，社会中各个层级一同参与，共同发挥作用。资源开发虽然由政府管辖，但并不能只依靠政府相关部门来执行，社区的驻地企事业单位、社区组织以及社区居民都有权参加，这种行为完全符合"民众共享社会教育资源"的原则，因为它不仅能增强政府部门和其余部门相互协调的力度，还能高效地运用和调动社会所有的教育资源。创建一种由政府部门统筹领导，教育行政部门和社区各部门负责协调，社区所有单位大力支持，社区居民积极参与的管理制度，不仅能高效发挥自身作用，还能创建横向衔接、纵向沟通的社区教育资源共享网络。

4. 制定社区教育资源开发规划，并纳入社区建设的总规划之中

所谓规划指的是对某一事物在未来一段时间内制定的符合发展规律的内容，它为该事物在未来的发展确定一定的目标。上海想要打造成学习化城市，开发社区内教育资源是必然选择，至于开发方式、开发时间、

教育资源类型、开发最终成果却是一项相对复杂、系统化的规划，它会触及到社区的所有层面，只有制定详细的开发规划，才能保证开发过程平稳推进。

首先，以目前社区教育资源的实际开发情况为基础，结合国际社会以及国内社会在经济发展、教育发展中面临的问题以及提出的需求，发现开发资源过程中可能遇到的问题和产生的纰漏，选用对应的解决措施及时改进。在制定开发规划前，必须全面调查社区的所有状况，如社会资源、人力资源、学习资源、教育资源等，还要清楚社区在未来经济发展过程中需要的条件以及面临的挑战，更要确定当地在未来的教育发展以及城市发展过程中的需求，以此为基础，制定社区教育资源开发的建设指标和发展目标，同时将所有教育资源进行全面整合，以求获得更好的教育成效。其次，在制定规划过程中，不仅要思考终身教育通过怎样的方式才能高效地运用社区教育资源，还要运用恰当的手段合理调配社区内各个方面的主动性，一起研究哪种开发教育资源的方式最符合本社区的实际情况，因势利导地制定开发规划。再次，制定规划的过程中，必须选择多种开发模式，尽可能地满足不同层级社区教育的要求，而选择开发模式的重要凭据就是应用此种模式开发社区教育资源后能否提升社区居民的生活质量和综合素养，制定规划时，不仅要制定短期规划，还要制定长期规划、年度规划，且保证这些规划拥有同样的前景，确保开发社区教育资源工作稳步、滚动、持续向前推进。最后，所有实践社区的政府部门一定要充分发挥自身的领导作用，将开发教育资源的规划工作并入当地社区发展和经济建设的长远规划中，并入改革和发展教育事业的长远规划中，保证它成为未来一段时间政府的重点工作，保证社区内所有事业实现统一的、更进一步的发展。

5. 建立社区教育资源开发的保障机制

经济持续发展会推动教育不断发展，前者是后者实现的前提，而领导对教育事业的注重程度却能直接影响教育的发展程度。在开发社区教育资源过程中，为确保开发过程能稳步推进，往往需要一套有效的、完整的保障制度。根据当前的实际情况，我们可以从以下几个角度入手。

（1）制度与组织的保障。开发教育资源需要政府领导，因此，为了增强政府在开发资源过程中的协调和统筹作用，一定要创建一套完整、有效的组织机构以及管理制度，尤其是在社区教育刚刚兴起时很有必要，这种制度往往是由上到下的，即当地的政府部门占据主导地位，社会的其他有关部门负责协同工作。如今，在三个实践社区中，在各个层级都设立了相应的组织机构，如在街道一级设立了社区教育办公室，在区一级设立社区教育领导小组或者委员会。对于区政府而言，可以将那些原本具有管理社区教育权力的相关部门进行整合和优化，团结协作，组建统筹管理社区教育所有事务的新型管理组织。为保证合理、高效地运用社区内所有的教育资源，既要注重区级政府的领导作用，社会其余部门也要通力合作、齐心协力，才能真正实现资源最大限度地开发和运用。

（2）法规政策的保障。法规政策本身就拥有一定的强制性，许多人为参与导致社区教育出现任意性和随机性，以及根据人的情况组建机构，安排工作的现象完全可以依靠健全的法规政策解决。所以，健全的法规政策能保证社区教育平稳、健康地发展。从社区教育发展相对成熟的其他国家来看，它们成功的秘诀有两条：一是有效、合理的教育发展制度；二是健全的法规政策。由此可见，法规政策是极为重要的。我国现在并没有制定任何关于社区教育以及成人教育的法规，在这些方面的法制建设相对欠缺。所以，政府现在重要的工作就是完善法制建设，制定更多更精准的法规。政府可以先对目前正在试行的规章或条例进行查漏补缺，并及时出台对应法律条文，同时结合实践过程中的真实需求，拟定相关的法规政策，明确规定社区教育本身的作用和所处的地位、开发社区教育资源的重要性以及相关措施、政府相关部门在实践中必须承担的义务和责任、社会各组织支持社区教育可获得一定奖励等，保证开发社区教育资源工作的每一个步骤都能找到对应的规章或制度，并随着工作的推进，不断更正和补充，最终形成完整的法规制度，确保社区教育以及开发教育资源工作平稳推进。

（3）教育投入的保障。开展社区教育活动需要大量的资金，所以财政经费是社区教育平稳发展的重要保证。根据国际上其余国家的经验可知，社区教育发展只依靠国家经济发展为其提供足够的财政经费是不长久的，政府通过制定相关法律法规提供财政投入也是一项有效措施。如今，我国并没有正式的法规明确规定社区教育以及终身教育的所有资金投入，政府投资是目前最主要的经费支持。开发社区教育资源有一项十分重要的原则就是要尽可能地运用和调动社区教育资源以及资金，所以，我们不但要通过制定相关法律增加财政支出，还要向政府申请更多的教育经费，同时要借助社区各个组织和单位的资金支持，如通过制定有利政策、实行教育奖励等方式，吸引并刺激企事业单位以及社会组织对社区教育进行投资。开发社区教育资源单靠政府资金远远不够，整个教育行业可以为社区教育的发展贡献一份力量，所以，我们可以制定对应的限制和鼓励政策将散落在社会的资金集中到社区教育上来，如开展符合社会需求的培训、对某些教育减免赋税等。另外，可以借助市场规则，向接受教育培训的人员收取适当的费用，在某种程度上可以改善教育资金不足的状况。

（4）督导和评价机制的保障。在开展社区教育活动过程中，合理的督导和评价制度能引导并规范其行为，同时促进社区教育发展。这种制度要求我们不能只评价开发资源的外在状况，对于开发过程中遇到的问题也要评估，并向相关部门提交报告，主动催促他们解决问题，同时转变成一种制度，创建完整的督导和评价制度。具体措施为制订详细的督导和评估计划，依照计划明确评估的主体、方式、内容等，将具体评估的内容用最明显的数字表示出来，最后得出评价的标准制度。评价过程中实施评估的主体要多元化，评价方法要多样化。开发教育资源的最终目的就是使居民接受更好的教育培训，因此居民的意见很重要，我们可以邀请许多居民参与评价，将自身对于社区教育教师、课程、环境、设施、场所等的想法详细地表述出来，不仅能精准发现问题所在，更能创建完整的督导评价制度。

6. 采取有针对性的措施开发社区教育资源

开展社区教育活动就是运用社区内现有资源举行教育活动，而开发教育资源意味着提高资源利用率，即在社区现有资源上进行扩展、二次利用以及高效应用，实现资源的纵向沟通和横向联合，使教育资源实现最大程度的共享。对于开发过程中遇到的困难，我们可以从以下几方面入手。

（1）完善网络化的社区教育基地。首先，高效应用教育机构教育资源，如校外人员可以运用学校教育资源；其次，高效应用非教育机构的教育资源，如社区公园、活动中心、博物馆、图书馆等，同时扩展社区教育的内涵；再次，通过对社区学校、家庭学校、正式学校以及私人学校等各种类型学校的有序分布，组建社区教育系统，即依据以点带面、分布推进的原则，对社区内所有学校实行统筹管理、共享共用以及自建自用，一步步打造三级社区教育系统，即户户有教学点、村村有教学站、街道有学校、区级有活动中心，同时实现合理分布、开发、整合以及高校应用各种不同级别、不同类别的教育资源以及教育活动场所；最后，高效应用现代技术，在社区搭建网络教育平台实现在线教育。在现代化的今天，人们可以通过现代化的传播技术和信息技术接受正规教育，这些技术手段已经成为开展教育活动十分重要的传输工具。[①]

（2）丰富社区教育"课程"内容。依据所处地区、年龄阶段、群体成分的不同，人们对于社区教育的需求是不同的，但同一群体中，不同居民的需求也是不同的，这证明人们对教育的需求会根据个人选择、时间、层次等呈现不同的状态，自主性极强。所以，开展社区教育活动必须保证其多样性，表现在两方面：第一，活动内容多样性。由于居民的需求各不相同，所以社区教育的课程内容也要多种多样，好似仓储超市，琳琅满目、应有尽有，可以开设多种教育培训，如老年教育、下岗职工教育、外来务工者教育以及残疾人教育，也可以开设文化艺术教育，如艺术文化课、基础文化课、思想道德课等，还可以开设学历教育课程，如中等教育、高等教育、职业教育等，尽可能满足居民的全部需求。第二，形式多样化。开展社区教育活动，可以课上、课下相结合，理论、实践相结合，还能选择远程教育、相互讨论、相互交流、独立自学等方式。通过多样化的形式和内容，可以提升居民的文化思想和综合素养，培养社区意识和归属感。

（3）进一步开发"人"的资源。对"人"这种资源的开发有两层含义，一种是提高人的能力，另一种是充实人的队伍。具体表现为：第一，提高社区教育者的综合水平，同时根据经济发展和教育发展以及自身要求，对他们进行教育培训，内容包括管理学、人类学、哲学、经济学、社会学等，提升他们的工作能力和管理水平。第二，在聘用教育管理者时，选择那些年轻、组织能力和策划能力强、有责任心和事业心、职能结构合理的人；聘用教育老师时，可选择从相关单位或教育机构中聘用那些可以独立完成课程设计，同时具备教育能力、特长、经验和兴趣的

---

① 　陈欢.终身教育视角下的社区教育探究[J].中国成人教育，2016（15）：147.

人，他们可以担任专职教师；可以选择那些即将退休的、多才多艺的、能歌善舞的、有特长的人担任兼职教师，组建多元化教师队伍和管理机构。第三，合理运用学习人员资源。在教育活动中，学习人员并不是只能充当学习者，通过适当的组织和指导，他们也能转变为教育者。可以使用多种手段让他们积极参与社区教育的多个环节，如评价、实践、规划、决策等，变相充当志愿者；也可以合理运用学习者的社会身份，它本身就是一笔巨大的财富，他们在参与教育活动过程中，与他人展开友好交流，共享自己积累的工作经验和生活经验。

（4）无形教育资源的开发。社区内存在大量的无形教育资源，如社区环境、学习氛围，居民的社区意识、归属感以及精神文化生活和学习思维等，这些教育资源无法用精准的数据来衡量和体现，但它们又有着无与伦比的作用，它们在潜移默化中影响着居民的一举一动。开发这类教育资源，有助于社区教育发展，形成学习化社区。

第二节　社区教育共同体分析

一、家、园、社区教育共同体概述

（一）家、园、社区教育的特征

1.家庭教育的特征

家庭教育指的是孩子的父母或长辈在家中对孩子开展的教育活动。这种教育活动的场所是家，具体过程就是长辈负责教育，晚辈接受教育，是一种非制度化教育。它具有下列特征：

（1）针对性：孩子在某个阶段遇到特殊的困难时，父母或长辈可以采用针对性手段开展教育活动，量体裁衣。形成这个特征是由于孩子和父母一直生活在一起，父母了解孩子的所有习惯，而孩子在遇到困难时也主动和父母沟通，想要从父母处获得帮助。

（2）随机性：孩子在年幼时可能对所有东西都感兴趣，父母也会就孩子感兴趣的点进行扩散式教育，这种点是随机出现的，教育自然也是随机的。

（3）感染性：父母在潜移默化中通过自己的行为教育孩子，所谓"近朱者赤，近墨者黑"，孩子和父母生活在一起，父母就是孩子的老师，是孩子的榜样，优秀父母自然会熏陶出一个优秀的孩子。

2. 幼儿园教育的特征

幼儿园指的是在固定的场所和教育环境中由专业的教育者对婴幼儿开展教育活动的专职教育机构。它具有下列特征：

（1）科学性：幼儿园开展的教育活动涉及多个领域，它们之间属于科学的集合，它涉及艺术、科学、语言、健康和社会五大领域。

（2）群体性：幼儿园的教育形式五花八门，可以自由活动单独教育，可以小组活动集体教育，还可以依照年龄组成班级进行教育，属于群体教育。

（3）专业性：幼儿园是国家规定的婴幼儿教育的专业场所，所有人员必须具备相应的资质，如保育员、幼儿教师、保健医生以及食堂工作者，他们还要接受专业的培训后才能正式上岗。

幼儿园开展教育活动的内容往往依靠幼儿教师多年的经验，与实际生活有紧密关系，一定与婴幼儿的成长和发展相吻合，同时遵循教育规律。

3. 社区教育的特征

社区教育指的是在社区固定区域内依靠社区现有的场地、设施等教育资源举办各式各样的教育活动，教育的主体可以是社会机构、有教育资质的机构或单位以及驻地企业和单位等，教育形式可以是多样的、内容丰富的、层次分明的。它具有下列特征：

（1）本土性：开展教育活动的内容基础可以是当地的悠久历史、人文环境、文化特色、邻里文化、社会风俗等。

（2）动态性：由于社区居民年龄阶段不同、受教育程度不同、受教育时间不同，只有选择各式各样的教育方式，才能实现理想教育效用。

（3）多样性：社区教育是在为孩子创造美好愿景的前提下形成的以政府机构主导，多个部门或单位相互配合开展多样化教育活动。

幼儿园教育也要求参与社区组织的活动，后者为前者开展打下坚实的基础。

（二）教育共同体界定

所谓教育共同体指的是在特定的时间段中，家庭教育、幼儿园教育、社区教育团结协作一同促进幼儿的发展，即在幼儿成长过程中，为保证婴幼儿身心健康、全方位发展，幼儿父母和幼儿教师以及社区内所有开展幼儿教育的机构、单位通力合作，尽职尽责组建教育共同体。这个共同体包含多种合作共育的方式，如单向的家庭对社区、家庭对幼儿园；幼儿园对社区、幼儿园对家庭；社区对家庭、社区对幼儿园等，也包含多向的家庭对社区、对幼儿园；幼儿园对社区、对家庭；社区对家庭、对幼儿园，以及三者一同合作等。不管是单向教育还是多向教育，在教育过程中都是为了保证婴幼儿身心健康、全方位发展，同时实现社区、幼儿园、家庭教育的发展。三者的关系如下：

第一，三者的目的是相同的，在开展教育活动过程中缺一不可。

第二，三者之间既相互影响又相互作用，三者构建的教育共同体在开展教育活动过程中是不断变化、交互变化、朝多个方向发展变化的。

第三，三者构建的教育共同体是一个在各个方面都合作共育的系统，如教育内容合作、教育场所合作和教育方式合作。

二、构建家、园、社区教育共同体的保障

（一）组织保障

家庭、幼儿园、社区组建教育共同体必然会触及三者的所有方面，但家庭属于社会的基本组成部分，而社区和幼儿园属于社会中的固定单位，并不完全相等，所以要创建专门的组织机构来确保合作共育工作的平稳运行。从三者共同体立场上讲，创建教育共同体委员会；从社区各个单位和部门上讲，创建社区教育委员会；从家庭教育立场上讲，创建家长教育委员会。

1.教育共同体委员会

在教育共同体中，幼儿园占据主导地位，并发挥着至关重要的作用。因为在开展教育活动过程中，幼儿园教育不但能展现学前教育的前瞻性和专业性，引导家庭教育的有效开展，而且能推动社区加快人文建设，

在某种程度上弥补社区教育的不足，此种情况下，创建幼儿园合作共育委员会能确保合作共育工作有序推进。

2. 社区教育委员会

此机构的成员包括社区中推动婴幼儿全方位发展的有关人员、教育机构、企事业单位以及政府有关部门，它的作用是联合其他机构打造家庭、幼儿园、社区三位一体教育模式，对社区现有教育资源实行统一管理、协调合作。创建此机构能让社区所有居民都参与到社区教育活动中来，同时各成员尽职尽责，实现教育资源的有效整合，达成大教育观。

3. 家长教育委员会

此机构是婴幼儿家长间相互交流，以及家长与社区的相互沟通以及家园联系的桥梁。社区中所有家长可以单独成立一个家长代表会，其职务可参考其余组织，设有主席、副主席、秘书长等，所有职位的人选都是由家长推荐并公开选举后产生，主要职责是代替所有家长参与合作共育工作，同时制定相应的工作安排和规划，与社区相关部门以及幼儿园进行友好沟通和交流，并对三者工作提出合理的意见和建议。

（二）制度保障

古语有云：无规矩不成方圆，为了保证教育共同体工作平稳开展，创建合理的工作制度十分必要，要使每一环节都能有据可查、有规可守。创建对应机构的工作制度，如幼儿园合作共育委员会工作职责、社区合作共育委员会职责、家长代表会工作职责和家、园、社区合作共育工作制度等。通过制定相关制度，明确三者在共同推进合作共育工作中具备的权力、承担的责任、追求的利益，精准划分各自的工作，而且保证做到有计划、有过程、有总结地开展工作。

案例：2021年，对成都市第××幼儿园，召开家庭、幼儿园、社区三者合作共育工作会，会后依据会议精神，重新制订当年所有的工作方案，同时要结合工作在开展过程中的实际状况，及时调整计划并做总结，防止下次再犯。组建家庭、幼儿园、社区三者的教育共同体，以幼儿园为中心定时举办沟通交流会，确保三者清楚了解教育共同体的实际工作状况。

活动反思：紧密结合构建家、园、社区教育共同体工作计划，并认真组织落实，及时总结，随时掌握幼儿园的工作。

（三）经费保障

为了确保平稳推进教育共同体的建设进程，家庭、幼儿园、社区必须预存大量资金充当后期保证。比如：成都市某社区专门在开展工作之前预留了大量的资金，保证本社区内的幼儿园工作顺利进行。

第三节　社会保障视野下的社区教育

一、社会保障的概念

社会保障（social security）一直是人们关注的焦点，它的历史极为悠久，最早出现在美国 1935 年颁布的法律《社会保障法》中。随着时间的流逝，各个国家都对其赋予自己理解的定义。

德国是最早创建现代化社会保障制度的国家，它隶属于社会安全和公平范畴。对其的定义是维持失败的人或者独立生活的人最基本生活的一种保障制度。

英国将社会保障的定义记录在《社会保险及相关服务》中，它是一种维持遭受特殊情况导致生活难以为继的公民最基本生活的保障制度，特殊情况包括年纪太大、意外伤害、自然灾害、突然失业、身患疾病以及其他特殊情况，这是一种被人理解的推动社会进步的制度。

美国通过大量的理论研究以及实践后得出社会保障的定义，并将其记录在《全球社会保障》中，对其范畴也做了适当的拓展和延伸，它指的是政府为保障个人因结婚生育或突然丧失劳动力或失业时最基本的生活，依据相关法律制定的项目。

我国赋予社会保障的定义可由侯文若教授的话语看出：社会保障是保证残弱者、贫困者最基本生活的补助；保证永久丧失劳动力以及暂时失业的人能够实现最基本的生活；保证所有公民都能享受到的福利措施，并根据年龄递增，从而实现社会稳定，使公民感受到社会十分安全的制度。[①]

总而言之，每个国家和地区对于社会保障都有自己的理解，且存在一定的差异性，这种差异出现的原因是各自的真实状况和背景完全不同，

---

① 侯文若.社会保障实务大全[M].北京：新华出版社,1994：7.

但是所有定义中有一些特性是几乎相同的，即都是国家根据相关法律制定的，责任主体都是社会和国家，目的都是解决公民在突然遭受重大社会问题时，能够维持居民最基本的生活和权利，保证其不会危害社会，对社会安稳以及经济发展有很大帮助。

二、社区教育与社会保障的关系

社区教育和社会保障之间有很深的关系，后者是前者开展的保障，前者是后者的客观要求，两者既相互限制又相互促进。

（一）社会保障是社区教育的重要保障

在社区教育发展过程中，社会保障制度和理念拥有至关重要的引导作用。因为健全的保障制度以及成熟的理念能保障社区教育完美贯彻，还为实行社区教育方法打下坚实的制度基础，保障社区教育平稳推进。

《中共中央关于全面深化改革若干重大问题的决定》中明确规定要创建公平、公正的社会保障制度，创建为妇女和留守儿童提供教育服务的相关制度，完善保障残疾人学习权益的相关制度，健全社会养老机制。

所有社会保障条例以及相关法律规范为了保护公民最基本的生活权利，明确规定了收入保障、职业保障、健康保障等相关内容，这些内容从客观上展示了对社区教育的支持和要求。无论是国际保障制度还是国内保障制度对开展社区教育活动及其发展都有一定的推动作用，这种作用可以是直接的，也可以是间接的。

（二）社区教育是社会保障的客观要求

社区教育是对社会保障制度客观要求的体现，社会保障制度保障社区教育平稳开展。许多民众对此达成共识，即实现社会公平最关键的途径就是保证教育公平，让居民在参与社区教育活动过程中处于同等地位，是社会保障权益公正最直观的体现。开展各式各样的社区教育活动，满足居民的多样化需求是居民获得平等教育机会的关键。所以，通过增加资金投入、提供教育者水平、健全教育设施等方法，确保社区教育在社会保障制度的保护下平稳进行。

（三）社区教育与社会保障相互促进、相互制约

社区教育与社会保障的内在联系，决定了社区教育的内容、形式与社会保障制度相互促进、相互制约。完善的社会保障制度促进社区教育发展，社区教育的普及对于社会保障制度的健全和完善发挥着重要作用。

1. 社区教育与社会保障互相促进

社会保障对社区教育的促进作用，表现在它为社区教育提供相应的政策和教学条件支持，而这是社区教育赖以启动并实现其教育目标的先决条件。因此，社会保障发展水平越高，社区教育的发展空间就越大。

社区教育对社会保障的积极作用，一方面，表现为社会保障的发展需要稳定的社会环境，而社区教育对个体的文化教育与精神慰藉，以及对社区成员的职业技能培养，可以缓和身陷困境群体的不满情绪，不断为社会保障的实施营造稳定的社会环境；另一方面，社区教育通过对社区成员多方面的教育也直接促进着社会保障的发展。如社区教育的受教育主体是社区教育资源的分享者，他们对资源的筛选学习和接受，可以有效地提升自身的素质和能力。反馈于工作中，可以提高工作效率，创造更多的社会价值、经济价值，增加国家的财政和税收收入。国家实施社会保障，进行社会再分配时，社区教育有助于扩大社会保障的规模和保障力度。

2. 社区教育与社会保障互相制约

社会保障对社区教育的制约主要表现在以下几个方面：

第一，社会保障水平制约着社区教育的规模。发达国家与高福利国家有较为成熟的社会保障制度做基础，纷纷构建了健全的社区教育机制和载体，如瑞典的读书会、美国的社区学院、日本的公民馆等，而发展中国家却因社会保障发展落后而缺乏系统的社区教育规范和模式。

第二，社会保障水平影响着社区教育的发展水平。发展中国家的社区教育发展模式就普遍较发达国家简单得多。

第三，社会保障政策制约着社区教育政策。一方面，社会保障向经济援助方面的倾斜必然制约社区教育的发展；反之，社会保障中经济保

障、服务保障与精神保障的兼顾与协调，将更有利于社区教育的健康发展。另一方面，从社区教育出发，对社会保障的制约则表现在社区教育水平滞后，可能使社会保障经济援助手段所不能触及的社会问题，得不到有效的化解，进而影响社会安定，甚至有碍社会保障的有序进行。

社区教育与社会保障发展相互促进、相互制约。社会保障影响社区教育的发展，而社区教育反过来又制约和促进社会保障制度的健全和完善。

第五章　现代城市社区教育

第一节　城市社区教育管理实践与探索

一、城市社区教育概述

城市社区教育是现代化的教育，且具有区域性特点。笔者认为，这样的教育不仅可以提高城市社区人民的素质、生活水准，使人们身心得到发展，而且还能体现城市的发展需求，这样的教育活动可以促使社会一体化的实现，也体现了国家对于该服务活动的关注和重视。

二、城市社区教育管理

黄云龙在《社区教育管理若干基本问题的理性思考》一文中明确指出了社区教育管理现存的一些基础性的问题：社区教育管理是一种组织力量，要把握四个基本问题，包括基本的理念问题、性质问题、运作机制问题、管理行为问题。无论人们处于社会发展的哪个阶段，每一个社会主要问题分析到最后都是管理问题。它可以是解决令人不满的政策，也可能是环境污染、犯罪案件、疾病医治，即使是在经济迅速发展的今天，这些问题最后都需要通过管理职能的某种方式来解决。所谓的社区教育管理，就是对社区中人力、物力、财力、信息等教育资源进行合理地调配整合，使之运转有效，并实现城市社区建设目标的协调活动过程，也是各种组织力量对社区内的各种教育资源进行有效的开发、利用，以实现社区教育的最终目标。社区教育管理水平的高低必然会直接影响着社区教育发展水平的高低，科学有效地进行管理则会实现社区教育健康有序的发展，同时社区教育管理也可以获得更大的效益。

（一）城市社区教育管理的基本特点

现在的社区教育对人们生活的各个方面都有着一定程度的影响，社区教育的基本单元是社区，教育的对象是所有的社区居民。农村的人口密度较低，而且多以农业发展为主，而城市的人口密度较大，所从事的工作也是五花八门。对于一个正处在工业化阶段的国家来说，对这个国家的人民影响力最大、最重要的居住地就是城市的社区。城市社区教育的目的是提高人们的综合素质，从而满足社区乃至整座城市的发展。城市社区教育具有以下几方面特征：

1. 城市社区教育管理的区域化

从城市社会学角度来看，把社区具体位置和范围在相对比较固定的时间内标注在城市表面上，这样便是静态区位地域特点；经历历史变迁过程，便会演化成动态区位地域形式。在不同的时间段里，城市内部没有明显的社会功能，并且区域的规模不是很大，因此所建设的社区不会有明显的特点和界限。随着工业化的发展，城市规模慢慢变大，城市的区域分化问题更加显著，功能性的区域界限也越发清晰，相继出现了工业区、住宅区、商业区等各个区域。从城市发展的外部结构我们可以看出，现如今城市的中心位置人口密度最大，因此相关的费用也会有所上涨，久而久之，便出现逆城市化的发展趋势，很多城市附近都出现了很多卫星城镇。这些城镇和中心位置的城区有着密切的联系，同样是城市社区的重要组成部分。

在区域的文化、发展等多种因素的影响下，社区教育的内容也被制约，针对本社区基本问题，要求社区教育组织相关的教育活动，活动的组织形式一定要和该社区人民的自身发展需求有着密切联系。

2. 城市社区教育管理的人口结构化

社区由多种要素构成，其中，人口结构是基础要素，社区教育与其他教育进行区分的基本特征是它会为所有居民全程提供全面的教育。

社区教育的人口结构特征主要体现在：第一，社区明显的特征是人口的数量和密度大。第二，就是城市社区居民的素质要相对较高一些。因为城市中有很多高校、科研机构和文艺组织，培养出了很多高素质、高技术的人才，所以在他们的带动和影响下，城市居民的素质也会受到一定程度的影响，会得到一定的提高。第三，人口的流动性大。这种人口流动包括多种形式，如农村向城市流动、社区之间的流动等。第四，人口呈机械增长的形式。很多外来人口会通过这种方式进入到另一座城市，城市人口除了自然增长以外，更主要的是机械增长。第五，人口的区别性大，而且不同质性很强。因为一座城市里有来自各个不同地区的人，他们所从事的职业、受教育水平等各个方面都不一样，使得城市的人口差异性较大。

3. 城市社区教育管理的组织合作化

社区教育工作并不是某一个部门的工作内容，而是涉及了很多的职能部门。比如卫生部门、民政部门、公安部门等。在社区教育活动中，这些部门都有着一定的责任，需要这些部门积极沟通配合，才能使社区的教育活动更好、更顺利地进行。

对于社区的人际关系来说，社会组织属于它的一个重要载体。如今社会分工非常细，再加上人员差异性的存在，就需要社会组织对人际关系进行调和，解决各种矛盾，为社区的发展提供相应的服务；以往的社区社会组织比较少，而且职责没有完全分化，如今的社会组织有了明显的改善，其功能更加专业，分化程度更高更合理，大大促进了社区的发展。所以，社区教育的发展离不开社区里的事业组织，在各个组织的帮助和支持下，教育资源才能得到最大程度地开发，在共同合作的过程中实现效能的最大化。

4. 城市社区教育管理的手段多样化

社区文化属于社区里独有的一种文化，包括两个方面，一是精神方面的，包括社区教育、社区活动、社区心理等内容；二是物质方面的，主要包括社区内的一些硬件设施，如社区绿化、社区健身器械、社区雕塑等。

社区文化是城市的一部分，在城市里发挥着重要作用，其特质也会受到城市文化的影响，因此，城市文化的一些特质它也具备；当然，社区文化也有着自身特有的一些特点，所以，社区教育需要多样化的载体，如在社区活动场所办画报、布置宣传板等方式进行社区教育宣传，社区教育和学校教育是不一样的，学校教育要依据教学大纲进行教学，而社区教育可根据社区居民的时间、空间等因素灵活开展，也可根据居民的需求进行合理设置，具有很强的可操控性；社区教育的方式是多样性的，可紧跟时代步伐，利用互联网，通过建设微信群、公众号等方式进行社区教育。社区教育的对象是社区的居民，居民来自各行各业，有着各种专业特长，他们可以是学生，同样也可以是教师，在大家的共同努力下，帮助全体居民学习各个方面的知识和技能，并使居民的整体素质得到提升。

（二）实施城市社区教育管理的必要性

社区是一座城市的细胞，对于社区教育来说，其管理工作也是至关重要的内容，在城镇化、工业信息化趋势的影响下，社区教育管理工作的重要性越来越突显出来。所以，社区教育管理对人们的精神和物质生活的发展都起到十分重要的作用，在城市社区文明发展、构建和谐城市方面，也有着很大的影响力。

1.城市社区自身发展的需要

做好社区教育管理工作，并积极实践和探索，不但可以促进城市的健康发展，也为城市的社区建设带来了新的挑战，社区教育管理必须要符合时代的发展需求，以及社区自身的发展需求。

城市社区其实就是以前的居委会，其本身是有着一定的政治色彩的，它的职能是完成组织安排的一些政治管理工作，属于政府的一个基层部门。而现在随着社区教育管理水平的不断提升，社区教育的治理模式也随之发生了改变，由以往单纯的管理转变成管理和教育结合的模式。社区教育管理使不同的主体间达成合作，以社区的利益和居民的利益为出发点，共同为社区的居民服务。这些主体包括政府的基层部门，也包括居民的自主治理组织等。改革开放40多年来，我国的经济水平有了很大的提升，很多单位和企业都需要大量优秀的人才来促进发展，工作单位提供的教育和管理无法使企业的需求得到满足，这时，社区教育就要为其提供一些思想意识上的能量；再加上如今的一些新兴企业越来越多，城市社区就要承担更多的社会责任；除此之外，城市人口日益增多，使得社区教育管理工作日益繁重。所以，在新时代的发展背景下，在社区教育管理工作中，也要努力寻求和探索更加有效、效率更高的治理新途径。

2. 实现"人"的现代化的需要

城市现代化的发展从各个方面都有所体现，如基础设施越来越完善、人们的生活质量提高、科学技术应用广泛等等，除此之外，城市的和谐氛围、人们的思想意识、生活方式的改变也是城市现代化的一种体现。社会中包括多个城市社区，城市社区不仅为人们提供基础设施，以满足其物质和精神上的需求，而且对于人们素质和法律意识的提升，也发挥着非常重要的作用。

社区教育的核心是以人为本。社区教育管理工作要做到尊重和关爱人，尽可能培养人们的合作精神，增强他们的凝聚力，同时要满足人们的精神需求和物质需求，注重提高人们的思想意识，使他们达到更高的层次。社区教育管理工作的开展，要实现有效性和广泛性，促进"人"的全面发展。

3. 建设社会主义和谐城市社区的需要

社会发展离不开和谐的城市社区建设，和谐是社区教育管理的一种方法，要想使居民的素质提升、使居民的实际问题得到解决、使居民之间的矛盾和冲突得到化解，都需要通过和谐这个手段和方法去发挥作用，如果不通过和谐这种方式，所产生的消极影响是很严重的，而且教育管理的目标也很难实现。国务院在 2006 年下达了相关文件《关于加强和改进社区服务工作的意见》，同年民政部也下达了相关的通知《关于开展"建设和谐社区示范单位"创建活动的通知》，这些文件都为建设和谐社区工作明确了管理方向，向着建设"居民自治、管理有序、服务完善、治安良好、环境优美、文明祥和"的和谐社区而努力。这样新格局的达成可以使居民的居住环境、人际关系、精神生活等多个方面都得到更好的发展，并且可以发挥育人无形、润物无声的作用。

第二节　城市社区教育的运行机制

什么是社区教育的运行机制，具体而言，就是社区里众多要素合理组合、解决它们之间关系所用的方法和手段的总称，是达成社会、教育一体化的运行程序，是社区里各种要素相互促进、制约、依赖的组合方式，说简单点，就是社区教育得以运行所依赖的一切方法与手段。根据以上内容我们可以总结出社区教育运行机制的内容包括：诸多要素间相互作用的方式；社区教育运行机制由哪些部分组成；采用怎样的运行过程；运行机制体系的结构。

一、城市社区教育管理的基本原则

城市社区教育管理工作要根据社区的实际情况合理进行，其工作的目标原则总体来看是以人为本，搭建学习型社区，建设由政府统筹领导、各个单位组织相互配合、社会提供支持、社区居民积极参与的教育体制和社区教育管理机制；其主要任务是改进社区和教学设施与教育管理的场所、强调社区教育资源的开发与结合、达成教育的职业化管理，保证教育管理工作的经费投入，多组织和开展一些教育培训活动。

社区教育管理的目标人群是社区的居民，一定要以保证居民的利益为出发点。在新时代背景下，社区教育管理正在努力用真心和诚心为人民群众的物质生活、精神生活的满足提供服务。教育管理工作开展之前，一定要深入到人们的实际生活中去，了解人们真正的需求是什么，切实帮助人民群众解决实际困难，打造和谐稳定的社区氛围，以走进千家万户为目标，全心全意为百姓服务。

对于一个国家的发展来说，创新永远是不可缺少的动力源泉。因此，在社区教育中，也要重视教育管理的创新，这对于这座城市能否健康可持续的发展有着重要的影响。我国国土辽阔，各个地区都有着自身的文化特色，而且经济发展水平也存在着一定的差异，所以各个地区的社区教育自然也面临着不一样的问题，想要做好社区建设，是离不开教育的，如果说管理是社区建设的手段，那么创新就是社区建设的动力，它对于社区的可持续健康发展起到重要作用。因此，其教育管理的模式和方法不可照搬以往的或者其他社区的，而是要与时俱进，对陈旧的内容、方式进行改进，并在充分了解本社区的前提下，努力建设出适合本社区的运行机制或方法模式，从而更好地为本社区的建设提供更加合理且具有针对性的服务，使社区建设顺利进行，并与社会协调发展。社区教育管理要从多个方面进行创新，如领导和实体机构创新，管理制度创新，发展理念创新，教育内容、方式方法创新等等，还有最关键的一点是要生成最切实有效的教育管理模式，从而顺利完成社区教育的各项工作和任务。

二、城市社区教育管理发展的对策

要想使社区教育良好发展，就必须要协调和统筹教育资源，对实行有效的教育机制进行整合优化，政府要起带头作用，相关的教育部门要和财政、文化等部门共同合作，组成教育管理机构，明确自身职责，为社区教育的发展贡献力量，推动社区教育的良好发展；此外，还要合理协调教育资源，将体育馆、图书馆等教育资源进行登记，然后进行合理的配置，从而解决资源不均衡的问题。还要对经费进行统筹，按照合适的比例进行分配，设立奖惩制度，吸引社会组织积极参与到社区教育管理中去。在实践和探究中建立起适合自身发展的长效机制，才能确保社区教育可持续健康发展。

（一）建立城市社区教育管理法律保障机制

对于社区教育管理来说，建立健全的法律保障机制也是必不可少的。而我国国内的社区是承接并适当延伸政府职能的一个特殊载体，所以，在建设法律保障机制的问题上，要从内部和外部两个方面去考虑。从社区外部来说，政府要继续深化改革，进行合理的权力下放，尽快建立政府的责任、权力和负面清单。从宏观上，政府对社区教育管理工作要降低干预的程度，使社区教育工作在一个相对自由的空间内进行，此外，还要尽快将缺位补上；在客观上，使社区教育管理建设有法可依，明确政府、教育部门、社会组织三者的具体职责。从社区内部来说，要向一些经过多次实践逐渐趋于成熟的模式进行借鉴，对一些诸如社区教育章程、条例等制度进行完善和改进，待到时机成熟，可将其上升为法律，使社区教育管理逐渐趋于法制化。从长远的角度看，法律的制定不仅仅是为了社区教育的发展，也是整个城市和社会法制建设的切实需求，国家的社区管理要想健康持续地发展，就必须坚持这一理性选择，只有尽快将法律保障机制建立出来，才能从根本上促进社区教育管理的良性发展。

（二）建立城市社区教育管理领导体制与工作机制

社区教育管理体制有两种类型，第一种是由政府主导的，第二种是政府、社会共同参与管理的。前者的主导力量是行政力量，起主导作用的是政府部门。后者由政府和社会组织共同参与，体现了行政化转变为社会化的过程。在如今的发展阶段中，要想实现社区教育的全面管理，脱离政府的管理是并不可行的。教育部在颁布的文件中指出，社区教育管理需要各级政府部门加强领导，在国民经济社会发展规划中，也要将社区教育纳入其中，各级教育行政部门主管社区教育工作，要将社区教育当成建立学习型社会、构建终身教育体系的重要举措。

最初的社区教育管理形式是在社区的组织下，各个组织共同参与的管理形式。实际上，这项工作最开始就是政府行为，对于一些决策与规划的制定都是由政府进行的，因此，政府要对社区教育管理工作予以重视，尽快建立出社区教育管理的领导体制。同时，各方组织也要贡献自己的力量，积极参与到体制的建立工作中去，要想使各方组织的职能得到发挥，使各种资源得到有效利用，从而为社区教育建设贡献自己的力量，就离不开政府的统筹管理。所以，政府要加强对社区教育管理的力度，发挥自身的权威性、协调性等特性，从而促进社区教育管理快速健康发展。

（三）建立城市社区教育管理经费投入机制

从发展趋势看，今后社区教育活动内容将越来越丰富、形式将越来越多样化、参与的居民人数将越来越多，社区教育管理有序开展的关键是有必要经费的投入。一是要继续加大政府投入力度。当前和今后一段时期，政府仍是投入支持社区教育发展的主体，要按照教育部办公厅下发的《社区教育示范区评估标准（试行）》规定，按常住人口每年人均标准安排社区教育专项培训经费，将社区教育发展所需合理资金纳入年度财政预算，保证社区教育管理工作刚性支出和基本运行。二是要探索建立多元化筹资渠道。改变单一靠政府支持投入的局面，建立企事业单位和社会团体参与社区教育管理的利益导向机制，发挥社会各界投资办学的积极性，鼓励家庭、个人增加教育和培训投入，鼓励社会力量资助社区教育，充分借助社会多元力量发展、完善和提升社区教育管理。三是要鼓励和支持社区开展经营活动。在不影响社区正常服务工作和居民正常生活的前提下，应当鼓励和支持社区利用自有闲置资源，采取创新方式获得经营收入，建立配套资金使用监督管理制度，按照一定比例专项用于补充社区教育发展，最大限度地实现"开源"。同时，要严格控制社区教育经费支出。通过深度整合与统筹利用社会资源，进一步提高社区教育管理的科学性，避免教学设备和场地的重复建设，减少不必要经费支出，确保"好钢用在刀刃上"。

（四）建立城市社区教育管理队伍建设机制

要想使社区教育管理得到良好发展，建立一支高素质、高能力的管理团队是至关重要的。对此，相关的教育行政部门就要发挥自己的职能，采取各种措施，加强教育队伍的建设。人事部门要对社区工作人员进行合理的配置，各个社区至少有一名专职人员负责社区教育管理工作。以区、街道及社区为单位，建立起各个层次的社区工作者的引进、培养等机制，提升工作人员的管理能力。开设培训课程，让所有的工作人员都积极参与到培训活动中去，并且通过出勤考查、论文评比等形式调动工作人员的学习积极性，并加快其提升速度。这对于组建一支职业化的社区教育管理团队有着非常重要的作用。

（五）建立城市社区教育管理资源整合机制

从客观角度看，社区要想使自身得到快速健康的发展，并不需要将某些资源完全占有，只需要对多样化的资源进行合理地协调使用即可。在资源的使用问题上，最重要的一点是建设资源整合机制，然后通过借力的方式，达成促进自身发展的目的。目前的局势是必须在政府部门的牵动下，才能真正实现社会资源的有效整合，从而在社区教育发展中发挥作用，否则只靠社区或者某个部门的力量是无法真正实现这一点的。初期必须在政府的帮助下，将行政部门、商业机构、高校、社会组织等多方面的主体引入社区，从而在教育场地、课程设置、硬件设备、经验交流等多个方面为社区教育管理提供支持，从而使其得到更快的发展。

到了后期，就可以通过探索运行机制、加强公益导向、打造教育品牌等多种方式，合理构建教育资源整合机制，慢慢打开社区教育建设的新格局。

第三节　我国城市社区教育协同治理分析

社区教育是一种公共服务，很多学者和专家针对社区教育的发展，都提出过引进协同治理机制，所以，协同发展将成为社区教育发展的一个必然趋势。协同治理的方式不但可以使社区教育的诸多问题得到解决，而且从理论上对协同治理问题进行分析，对于构建长效、优质协同模式也有着一定的积极作用。

一、城市社区：学习的场域

国家要想实现繁荣发展，走可持续发展之路，起关键作用的是人力与社会资本的发展，而要想获得这些资本，就必须通过学习这一途径，因此就要让全民对学习予以重视。对政府来说，首先就要向公民不断灌输终身学习的思想，并鼓励人们参与到社区教育中去。在新形势下，社区教育的服务理念也发生了一定的改变，以为居民提供多样化的教育为服务的宗旨，不仅仅局限于提高居民的技能和生活水平，还要让居民真正获得幸福感，从而对社区产生归属感。[①] 如今社区教育的发展内涵在不断丰富，社区不再是以前人们认为的生活场所，而是慢慢成为学习型社区，是人们实现终身学习的重要场地。想要实现终身学习可通过以下几种方式。

（一）延长学习时间

终身教育的理念是法国教育家保罗·朗格朗在 1965 年提出的，后来，他又对该理念进行了进一步的明确，促使其成为完整的体系。[②] 终身教育是一种有别于其他教育理念的新型教育理念，它指的是一个人一生中

---

① 朗沃斯.学习型城市、学习型地区、学习型社区：终身学习与地方政府 [M].欧阳忠明，马颂歌，陈晓燕，译.北京：中国人民大学出版社，2016：1.

② 陈欢.终身教育视角下的社区教育探究 [J].中国成人教育，2016（15）：147.

所接受的所有教育。在纵向上，包括个体在每一个人生阶段所受的教育。在横向上，包括在学校、工作、家庭中等各个领域所受到的教育。学习型社会就是所有社会成员都可以自觉进行学习，而且有各种学习资源为其学习活动提供帮助，营造终身学习、全民学习的良好氛围。而要想构建这样的社会，就要从社会的基本单元——社区着手，社区教育以提高人们的素质、促进社区发展为目标，使全体居民的学习需求得到满足。社区教育对终身学习体系的构建有着促进作用，把社区生活和教育联系在一起，对各类资源进行整合，从而给所有的社会成员提供受教育的机会，逐渐使教育得到普及，为待业人员传授专业技能、为在职员工提供在岗培训、为退休人员提供丰富的文化娱乐活动等等，使所有居民的学习需求都能得到满足。

（二）拓展学习空间

目前，社区教育越来越被人们所重视，人们逐渐意识到，学习的场所不仅仅指的是学校。玛格丽特认为，学校以外的学习场所可以分成四种类型，即在家庭生活中、在雇佣关系中、在社区或者志愿活动中，以及在休闲娱乐活动中。学习活动在空间上得到了扩充，不仅仅是为了达成工作中的绩效而进行的工作场所的学习活动，而是转变成为实现个人成长和提升而进行的生活场所的学习。社区为生活场所的学习提供了物理上的空间，所以，从本质上讲，社区教育也是对学习空间的扩充，是将社区生活和教育相结合的一种教育形式。

近几年，国家越来越重视社区教育的发展，社区教育在政府的大力支持下，也得到了很好的发展。由于社区自身区域的局限性，社区教育也具有区域性，这种区域性不仅是空间上的距离，同时也指的是居民结构的特征，要将提升居民素质作为教育目标。① 社区的地理位置不一样，且当地的经济水平、社会发展状况、文化环境等诸多方面也都存在很大差异，社区的发展状况和所处的发展阶段也是不一样的，所以，要以当地社区发展的现状，选择合理的教育内容、制定合理的教育目标，选择

① 沈光辉.转型发展中的社区教育问题研究[M].北京：中央广播电视大学出版社，2016：9.

适合当地发展的社区教育治理模式。[①] 如果社区人口结构不一样，会产生不同的社区教育偏好，老人、青年人、失业人员、外来务工人员等所喜爱的活动必定不一样。所以必须把握住社区教育区域性这一特性，才能精准地提供合理的教育服务，从而使协同治理的效果得到有效提升。

（三）保障学习权利

每一个公民都可以参与学习活动，社区教育的服务主体是所有的社会公民，社区教育为公民的学习权利提供保障。不管是老人、青年、小孩，还是待业人员、低保人群、残疾人等，都有权利参与社区教育，对于教育公平的实现，政府负有主要责任，因此必须确保每一位公民都享受到受教育的权利。

社区教育有利于教育公平的实现，一方面，社区教育与教育公平在本质上是一致的，同样有着人文性和人本性。社区是居民生活的场所，社区教育可以是生活教育，也可以是平民教育，因此，其教育主体包括各个社会阶层的人，所有的公民都可以去学习社区提供的免费课程，参与到公益活动中去，对于一些弱势群体而言，他们可以通过社区教育学习知识、掌握技能，从而为自己日后的发展提供更多的可能性。另一方面，社区教育是非正规性的，它可以弥补正规教育的一些局限性。在传统思想的影响下，大部分人都更加重视正规教育，而对于一些非正规的教育往往不感兴趣，但是客观的人才理论告诉我们，一些没有接受过正规教育的人，不一定就成不了人才。由于个体差异性、成长经历等各种因素的影响，有些人虽然没有接受过正规教育，没有参加过应试考试，但是他们可以通过社会中的多样化教育，特别是通过社区教育，掌握更多的知识和技能，从而成长成才，为自身发展铺平道路，为社会的发展贡献自己的力量。从某种角度上说，社区教育可以推动社会公平、公正的发展。除此之外，社区教育有着非常丰富的教育内容，因此可以使各个不同群体的学习需求得到满足。"全面"指的就是面向所有的社会公民，为他们提供相应的教育服务。[②] 在促进社区发展、突出自身特色

① 茹宁，吴梦林．超越"工作场"：生活场所学习模式的兴起 [J]．开放教育研究，2016，22（6）：126．

② 李佳萍．我国社区教育管理的问题与对策研究 [D]．吉林：东北师范大学，2014．

的基础上，以社区居民的生活需求、工作需求为依据，提供各种教育内容，如道德教育、素质提高、科学知识等，从而使其得到全面发展。社区教育尊重每一位居民的学习权利，会尽最大努力使居民的学习需求得到满足，这是以人为本理念的体现，同时也为社区教育多元供给提供依据。

（四）形成学习共同体

社区不仅仅是物理空间的概念，也是社区内多元主体相互融合共同参与学习的场域。法国社会学家皮埃尔·布迪厄将场域定义为经过客观限定的位置间客观关系的一个网络或一个结构。[①] 它不仅仅是一个领地或领域，而更多地强调主体间的互动是有力量、有生气、有潜力的。所以，社区教育的开展离不开社区已有的多元主体间的关系及网络，在社区这样的场域内，形成了学习共同体。在教育领域，美国教育家杜威最早提出"学习共同体"相关的思想，他认为"学校即社会，教育即生活经历，而学校即社会生活的一种形式"。[②] 随后，这一概念又被瑞典教育家奥斯卡·奥尔森应用到成人教育领域，强调成人教育具有学费低、学习方法简单、参与者平等、图书馆作用举足轻重等特点。博耶尔于1995年在《基础学校：学习共同体》的报告中正式提出了"学习共同体"这一概念，他认为学习共同体是指所有人因共同使命、共同愿景而一起学习的组织，共同体中的人共同分享学习的兴趣，共同寻找获得知识。学习往往发生在复杂的社会情境中，特别强调个体与特定的共同体之间的相互作用。因此，社区内有许多学习共同体，这些组织共同构成了社区教育。城市社区既是开展社区教育的物理空间，又是社区成员相互平等、自愿参与、共同分享，共同形成的网络关系空间。

二、社区教育：工作和生活的桥梁

《学会生存——教育世界的今天和明天》一书中指出，未来的教育必

---

① 布迪厄，华康德.实践与反思：反思社会学导引 [M].李猛，李康，译.北京：中央编译出版社，1998：24.

② 李玉勤.最美的遇见：小学语文阅读教学的观与议 [M].芜湖：安徽师范大学出版社，2018：29.

须成为一个协调的整体，社会的一切部门都从结构上统一起来。随着终身教育理念的广泛传播，以及学习型社会建设的大力推进，人们的生活与学习正逐步融为一体，学习即生活，生活即学习，"在生活中进行学习、在学习中体验生活"必将成为现代居民的一种生活方式。

（一）丰富精神生活

社区教育是践行终身学习理念的重要载体，是一种体现生命价值的学习。教育的核心目的是育人，塑造人的精神世界，这种教育不仅仅是为了满足受教育者不断应对职业生活的需要，更是丰富人们精神生活的一种方式。好的学习是基于人的本质意志的学习，其过程是获取成长快乐和情感体验的过程，是实现生命价值的途径，从而帮助人们进入一种内在的积极向上的生命状态。[①] 美国著名学者罗伯特·哈钦斯于1968年撰写的《学习型社会》一书中提到：教育的目的在于使每个人的自我能力得到最大限度的发展，自我人格得到最大限度的完善，而不仅仅是为了"国家的繁荣"。"学习"是这一社会的核心，生活在这种社会中的人们，为实现人类自身的"贤、乐、善"而奋斗是第一目标，而且必须通过继续学习来实现"人生真正的价值"。他还在书中提到未来的社会每个人应该拥有充足的可自由支配的闲暇时间，教育也不再单纯为了谋生或增长知识，而是转化成追求人生真正的价值。

从本质上看，学习型社会注重人们人生价值的实现。社区教育从社区出发，将共同学习作为枢纽，实现拉近人们之间距离的目的，使陌生人社会的一些不良影响得到一定程度的消除。[②] 如今城市化的发展脚步逐渐加快，城市里的社区也随之发生了很大的改变，人与人之间的关系不再像以前那么密切，而逐渐变得疏远起来。但是，人始终是群居动物，疏离的邻里关系会让人产生孤独感。所以，在提升人们物质生活的基础上，社区教育不仅要满足居民对知识和技能的学习，还要考虑到怎样使居民的精神生活得到丰富和满足。人天生是有学习能力的，热爱学习也是人的本性，居民在学习过程中不仅能够提升幸福感，还能为枯燥的生

---

① 项秉健，汪国新．社区共同学习的生命价值[J].职教论坛，2016（15）：75.

② 福格尔．第四次大觉醒及平等主义的未来[M].王中华，刘红，译．北京：首都经济贸易大学出版社，2003：296.

活带来更多的情趣。社区教育能够让居民在自己的居住地以学习的方式来建立良好的人际关系，居民在共同学习、共同活动的过程中减少内心的孤独感。社区教育的内在属性以及所具备的功能能够使居民的精神需求得到充分的满足，从而有力推进友爱和谐社区的建设，让那些被高楼阻隔的人们慢慢熟悉起来，使整个社区充满友爱、和谐的氛围。社区教育可以使宅在家里的居民走出家门，在特定的场所进行友好交流，相互促进，共同学习，使居民产生强烈的归属感。社区教育是社会的调节器，不管是教育者还是受教育者，都可以通过社区教育来改善自己的心态，使自己的综合素质得到提升，使居民的学习兴趣又一次被唤起，这是社区教育工作的重要目标之一。

（二）提升职业技能

社区教育可以为区域的发展提供助力，所以，社区教育还有一个重要任务，那就是使学习者的专业技能得到提高。经济全球化的发展使得学校教育无法满足一个人整个职业生涯的知识需求。人们为了更好地提升自己，满足企业的需求，就需要在工作之余不断学习相关的知识，磨炼专业技能。职业培训是一种理性学习，其直接目的就是为了生存，提高自己的绩效，满足企业发展的需求，使自己能够适应时代的快速发展。因此，组织社区教育的机构也要积极与企业进行合作，帮助企业提升员工的专业技能、为企业开发更多的人力资源，为当地的商业和工业注入更多活力。促进其快速发展，进而带动当地经济的发展。

与社区教育相关的培训活动可分为两个方面，一是服务就业，二是再就业。职业技能的增强不但有利于在岗人员的发展，还能为待业人群的再就业提供帮助。具体而言，组织社区教育的机构可以和高校加强合作，特别是一些职业院校，高校在教育内容、培训场地、师资队伍等多个方面对社区教育提供支持，使在岗人员和待业人员都能得到专业的培训，在高职院校的带领下，使社区教育实现提供就业、再就业培训服务的目标。

职业教育的一些先天优势是其他教育不能替代的，比如教学方式多种多样、具有优质且专业的师资团队、课程和岗位更加匹配等。具体做法如下：第一，通过网络、电视等媒体进行远程的职业培训，使更多的人有机会接受社区教育，使受益群体增多；第二，为企业员工组织培训活动，提高员工的技能，从而促进企业产品升级，使产品的质量得到提高，使企业更有竞争力；第三，在社区里针对一些待业人员、残疾人等弱势群体开展培训活动，从而促进就业。在社区教育中融入职业教育，对于社区教育的发展有着重大意义。

（三）融合工作与生活

社区教育的内容非常丰富，不但会为了解决居民的生存问题而开展职业教育，还会为了丰富居民的精神生活而开展一些非功利性的教育。虽然社区教育不应该注重功利性教育，但从现实角度来看，在经济全球化的今天，社区教育所提供的职业培训确实能够解决一些居民的现实问题。而根据我国的发展情况，要开展非功利性教育占主导地位、部分功利性教育为辅的社区教育。功利性教育会和学习者的自身发展、职业生活相关联，这样的教育具有经济性；而非功利性教育恰恰相反，它主要和人的精神诉求相关，是不具备经济性的。所以，社区教育要将这两种教育结合起来，使自身具备这两种教育的功能，这样不但能够促进居民工作生活的发展，还能丰富居民的精神世界。

如今，人们的工作和生活是相互融入，两者之间没有了清晰的界限。不管是工作还是生活，都离不开学习，主要从两个方面体现：第一，一些社区居民不再以谋生为目的去参加社区的职业培训，而是想在培训中学习技能，从而使自己的生活品质得到提高。这也使得社区和一些职业学校有了更多的合作机会，社区可以与职业学校进行合作，为居民提供烹饪、维修家电、家政等各方面的培训，使居民各个方面的技能都有所提升。第二，有些学习者会参与到教育服务中去，将自己的专业技能教授给其他居民。通过这些途径，将工作和生活联系在一起，不仅可以使自己掌握更多的知识，还能使自己的职业能力得到提高。而且，一些居民在服务过程中还能体现自己的价值，让其体会到自己不只在企业或者单位具有价值，在社会上也同样有价值。社区建设不仅是一次机会，同样也是一种义务，如果人们把奉献当成一种追求，就会使自己的存在感和自我认同感得到加强。

三、社区教育治理：政府主导多元主体协同供给

社区教育从"管理"向"治理"的变革，在治理理念上要实现"行政管理"向"公共治理"的转变。[①] 社区教育刚起步的时候，由于很多居民的学习意识并不强，所以参与的积极性很低，因此需要政府进行大力推动。后来在提出新的公共管理理论后，政府的职能发生了改变，同时，又在市场发展、社会发展的影响下，由原来的行政管理理念转变成了公共治理理念，促进了社区教育的发展，也使得公共治理理念得到了广泛关注和认同。

当前我国的社区教育大部分都是公共产品，或者是准公共产品，所以，社区教育的治理模式与公共治理的规律是相适应的。社区教育是社区服务的组成部分，在社区治理模式的作用下，社区教育势必会向协同治理的方向发展。

（一）社区教育从"管理"转向"治理"

"治理"英文写作"governance"，它的原意是引导、控制。这个词语在很长时间里都是和统治的意思重叠的，不管是在国家、政府的公共管理活动中，还是在政治活动中，均可使用。从 20 世纪末期开始，出现了一个新的理论——治理理论，使得国外的一些学者开始对"治理"进行了重新定义。全球治理委员会在《我们的全球伙伴关系》研究报告中对"治理"的定义是：它是各种公共的或私人的个人和机构管理其共同事务的诸多方式的总和，它是一个持续的互动的过程，需要调和相互冲突或不同利益，并采取联合行动，既涉及公共部门，又包括私人部门。我国的学者俞可平也曾表示，治理属于政治行为，更加偏重技术性，进行改革的最终目的是达成善治的效果。[②] 不管是在怎样的政治体制下，都需要提升行政效率，降低行政成本，为公民提供更好更多的服务，从而获得公民的拥护，使国民产生民族认同感。我们现在所说的社区教育治理中"治理"一词的实质就是政府和公民共同努力，为解决政治生活中的各项

---

① 赵小段.社区教育"反哺"职业教育的路径分析——基于社会资本的视角 [J].中国成人教育，2017，37（3）：31.

② 俞可平.治理与善治 [M]，北京：社会科学文献出版社，2000：17.

事务通力合作，这就意味着需要大量的公民参与到治理中去，这从一定程度上体现了政府执政能力的提升。治理要以协调、合作为基础，就是说各个权力主体会通过运用权力的方式，对各项活动进行引导、规范或者控制，目的是实现最大化的公共利益。

和传统的管理相比，治理是时代进步的产物。治理概念和理论的产生与发展说明人们已经慢慢开始重视国家和社会的关系、国家和市场的关系，原来的统治开始转变为如今的治理，从原来的善政转变为现在的善治。多中心治理开始盛行，并以一种全新的面貌被广泛运用到各个领域中，从而形成一种全新、高效的合作关系。相比于传统的政府管理体制，治理的优势体现在以下方面：①治理的主体更加多元。以往的管理体制只有一个主体——政府，而如今的治理具有多元的治理结构，其主体包括政府、社会组织、企业等多个机构。②治理更加民主。以前以政府为主体的管理体制是自上而下的，主要的动力来自政府，且更强调政府的行政命令。现代的治理是自下而上的，多个主体相互沟通、相互协商，其权威性并不来自政府，而是合作网络。③治理手段网络化。传统管理比较封闭，是静态的管理，而现代治理更强调建立制度化的合作伙伴关系，在相互认同的价值理念的指引下，开放包容地实现共同目标。现代治理和传统管理的区别在于，治理是多中心的，目标也是多元的，但最终目标是一致的，就是以最小的成本最大限度地满足公众需求，实现公共利益最大化。从"管理"到"治理"，一字之差，标志着中国从传统走向现代。"治理"的出现标志着政府管理含义的变化，重构国家、市场与社会的关系，把单向的管理视为多方的合作互动，有利于建立起符合国情的新的公共管理模式，更有利于构建公民广泛参与、充满活力的社会治理体系。传统管理与现代治理特征对比如表5-1所示。

表5-1 传统管理与现代治理特征对比

特征	传统管理	现代治理
主体	单一管制	多元参与
方向	自上而下	上下互动
状态	统一性	多样性
动力	外部强制	内生动力
机理	静态封闭	动态开放
方式	运动式	制度化

治理理论的发展，得益于与我国实际的结合。国内学者纷纷探讨治理理论在我国的适应性问题，兴起了"治理""公共管理"的热潮。党的十八届三中全会首次提出"社会治理"的概念，在此之前，我国的官方文件惯于使用"社会管理"一词。要以维护最广大人民根本利益为出发点，增加和谐因素和社会活力，提高社会治理水平。从"社会管理"到"社会治理"虽然只有一字之差，意味着政府从以"管理"为中心转向以"治理"为中心，这是理论和实践的重大创新，也可以说是对政府、社会组织、社会公众的一场深刻的思想变革和行为变革。十八届五中全会又在此基础上进一步提出社会治理精细化，2022年3月，《政府工作报告》中提出，切实保障和改善民生，加强和创新社会治理。坚持尽力而为、量力而行，不断提升公共服务水平，着力解决人民群众普遍关心关注的民生问题。[1] 其中就包括推进社会治理共建共治共享。促进人民安居乐业、社会安定有序。创新和完善基层社会治理，强化社区服务功能，加强社会动员体系建设，提升基层治理能力。这是经济发展和社会进步的必然结果，也为加强和创新社会治理指明了方向。

由此可见，治理理论对于我国治理模式的改进与政府的改革有着重大意义，它具体体现在以下几个方面：第一，参与主体增多。要改变传统的一元主体的管理模式，转变为多元主体的管理模式，从而生成多元主体共同发挥作用的复杂总体，这与我国未来的发展方向是一致的。第二，以政府为主导。对国家和社会关系进行重塑，虽然国家的绝对权威性要适当减弱，但依然要发挥主导作用，与其他主体共同协作，共同协商，形成良好的平等沟通的协调关系。第三，政府职能转变。以实现服务型、责任型政府为目标，政府的职能不再是以往的全能管理，而是转变成有限的治理职能，使其职能更具责任性、高效性、透明性。以市场为导向，重新构建政府、市场二者之间的关系，对一些强制性的不必要的管理加以控制，要更加注重民主协商。第四，转向基层治理。对基层治理予以重视，让更多的社会组织参与到治理工作中去，为社区工作减轻压力，努力为社区提供共同服务，使基层社会做到自我管理和自我组织，从而实现自行发展。

---

① 李锋，刘甜，吴文华，潘韬略. 2022年《政府工作报告》政策解读 [J].农业发展与金融，2022（06）：46-51.

（二）社区从"政府管控"转向"协同治理"

　　之所以开展社区教育，最直接的目标就是使居民各个方面的需求得到满足，提高居民的生活质量，提高居民的整体素质，促进社区的健康、和谐发展。社区教育以社区的发展为基础，而社区教育对于社区的发展又起到了一定的推动作用。社会治理的创新要以社区治理的创新为基础，社区教育治理的创新可以更好地满足居民的需求，使社区教育的目标尽快实现。对社区教育治理进行创新，对于整个社区治理的创新也有着一定的促进作用。如今的很多发达国家会把社区教育看作是和居民利益关系密切的一项公共事业，但是对于一些经济发展较为落后的国家来说，社区教育是解决就业问题、提高公民素质的重要渠道。要想实现社会治理的创新，就要在整个社会治理的框架中，将社区教育建设融入其中，通过社区教育的发展来推动社会的治理，同时通过社会治理来促进社区教育建设，社会治理与社区教育之间是紧密相连、相辅而行的。在社区教育的开展过程中，调动居民的积极性，建设学习共同体与学习型组织，树立人们终身学习的理念，从而使社区更好更快地发展。

　　当前，我国政府和学术界都十分关注基层治理这一话题。治理理论产生以后，国家的治理理念也随之发生改变，很多专家学者都对政府、社会、市场这三方的关系有了新的认识，并对国家、社会之间新的关系模式的构建进行积极探寻。以郁建兴教授为代表，从两个维度对新型的关系模式进行了划分，这个两个维度分别是政府治理能力和社会发育程度。再将不同的层次、维度组合起来，从而得出了四种关系模式，即政府管控模式、社会自治模式、平等合作模式以及协同治理模式，在不同的组合下所形成的治理结构也是不一样的，如图5-1所示。对这四种模式进行分析，可以使我们更好地理解协同治理的形成过程和它们的意义。

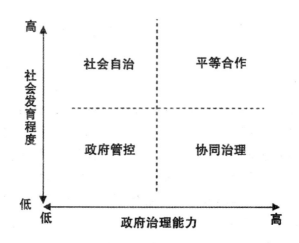

图 5-1 社会建设中政府和社会的关系

（1）政府管控模式。这种模式主要强调的是政府的职能和政府所发挥的作用，使政府通过自身行政权力的运用，实现自上而下的整合，从而构建更加全面的城市管理机制。但是由于市场经济的发展，以前完全从属政府的一些封闭式的机构将慢慢被取缔，社区逐渐成为城市的基层组织。对此，政府就要努力探寻新的管理模式，从而构建一个新型城市，这是历史的必然选择。社区的崛起带来的影响具体可从两个方面来看：第一，社区制的发展能够接手消退的"单位制"遗留的管理方面的空缺，有利于社会的稳步发展。第二，社区事务需要耗费较多经费，为国家财政带来了不小的负担。因此，在城市转型的早期，行政化的治理模式是比较合理的。但是，这样的模式除了会带来资金方面的问题外，还会制约社会组织的发展，反过来还会对多元主体社会服务的参与度形成阻碍，对于行政化的治理模式来说，这些问题是不可避免的。

（2）社会自治模式。这种模式来自居民委员会的自治性质。居民委员会其实是居民进行自我教育、自我服务和自我管理的一个基层的自治组织。实际上，目前的居委会还没有实现完全的自治，算不上真正的自治组织，但是它对于社区的自治依然起到了一定的积极作用。从长远发展看，应该对社区居民的自治加以强化。我国城市社区目前普遍面临着经费不足、人员充足的问题，加强社区居民自治，能够使人力资源得到更好地开发，成为社区建设的动力源泉。由此可见，可以激发社区居民参与公共服务的兴趣，使更多的人参与到社区建设中去，这样可以有效降低政府的经费投入，降低国家的财政压力。不过，就目前我国的社区发展与行政体制而言，社区是为居民提供服务的基础单位，基层社会治理一开始就是政府主导的，因此很难在脱离政府的把控下有条不紊地自行发展，社区自治目前只能充当活跃社区氛围、丰富社区服务的角色，要想实现真正的自治，还需要一些时间。社区公共服务的内容十分丰富，包括教育、医疗、公共安全等，一个组织是很难独自提供这些服务的，因此，对于一些外部性强的事务，仍然是需要依靠政府的力量才能顺利完成和解决的。

（3）平等合作模式。这种模式是在权力主体多元化和社会发展良好的基础上产生的，强调多样化的主体共同治理。从本质上看，社区生活就是与社区利益相关的主体之间合作的一种关系，不是只有政府这一个权力中心，在公众认可的前提下，各个公共部门或是私人部门的权力都可在不同层面成为权力的中心。平等合作的社区治理模式并不赞成政府集权和完全自治，而是让多元主体以平等的身份通过合作的关系参与到社区治理中，国家与社会在这样新型的互动方式下合作，从而更好地应对日益复杂、多变的社会问题。但是，要想使社会发展到理想状态，政府必须加大力度鼓励和扶持社会组织的建设，并继续努力，积极探寻出一条与我国现状相适应的一种治理模式。

（4）协同治理模式。这是一种新型的治理模式，它是比较符合我国发展现状的一种模式。该模式致力于发挥政府主导作用的前提下，建立完善的制度化的交流途径和沟通平台，促进各种措施的实行，从而解决因社会力量较弱、参与治理积极性较低和社会发育程度不高而出现的问题。协同治理理论最早是由协同学发展而来的，20世纪70年代早期，协同学理论由物理学家赫尔曼·哈肯创立。"协同"一词的含义就是两个或两个以上的资源或个体在经过协调以后，同步达成目标的一种能力和过程，在系统的动态性、协调性上都有所突破。"治理"一词强调多个主体之间的平等协作，根据规定通过协作的方式对公共事务进行管理，从而使利益实现最大化。协同治理顺应了多主体共同治理、提供公共服务的多元化发展趋向，强调政府和市场、社会组织和公民之间建立合作关系，从而实现对治理资源的有效整合。自实行改革开放政策以来，人们的生活质量不仅得到了改善，对于公共服务也有了更高的需求，然而，公共服务基本上是由政府提供的，这样的公共服务有着基础化、制度化、规模化等特点，居民对公共服务的需求是多样化且分散的，这种由政府单一供给的方法是无法使公民得到充分满足的。所以，就要从当前的社会发展现状出发，对社会管理体制加以改进，打开公共服务市场的大门，将企业吸引进来，还要鼓励社会组织积极参与到公共服务中，同时，在这样的多种要素的共同努力和参与下，使社会发展更具活力。因此，当前的基层社会治理最关键的就是尽快建立有助于实现社会协同治理的机制。

第六章　现代农村社区教育

第一节　农村社区教育概述

一、农村社区教育

（一）农村社区教育概述

农村地区的社会教育作为对在农村社区中生存的民众整合所开展的，由社会、家庭、学校等多方面构建的大环境教育，是整体化、区域化的一种教育行为。同时，还是协调统筹社区内外的所有力量在社区内进行一切教育及学习活动的，能够发展当地文化与经济、增强群众整体素质的教育新组织。"农村社区教育"的对象是乡镇、村地域内共同生活的人。从地域上讲，县是由若干乡（镇）组成的，而村庄是在乡（镇）的辖区之内，乡（镇）是农村承上启下的行政区划管辖地，所以"乡镇社区教育"成为我国农村社区教育的基本标志。

乡村地区社会教育作为一种社会教育，其功能、目的以及内容和其他社会教育相同。乡村地区的社会教育根据形式划分为三种，分别为社会教育、家庭教育以及学校教育，而依据类别可以划分为四种教育，分别为成人教育、基础教育、继续教育以及职业教育。从孩童至年长者，所有在社区内生活的人都是其服务对象。因此，"农村社区教育"不能理解为农村各级各类教育无序的总和，而是一个大教育系统概念。

本章中提到的农村指的是县所管辖的统管地区，农村社区涵盖县内政府机关所属城镇的社区以及固有存在村镇的社区。所以，农村社区教育是将乡镇当作重点，被县级市所统管筹划的面向村内所有人员开展的"大教育"。

基本的农村社区教育元素涵盖以下几点：

1. 社区与社区组织

农村社区教育基本的元素就是社区，要在硬件设施及地区位置方面给予相应的条件支持，以供社区教育开展。社区内部的单位及组织之间较为分散，因此还应形成协调、统筹不同力量的一个对应机构组织。比如，社区教育委员会，其可以全方位筹划协调社会、经济以及教育发展的整体方案，动员社会所有人员参与到教育中来，对发展社会教育具有积极作用。

2. 学校

学校作为社区所辖的组织、单位之一，在社区的教育中占据重要地位。农村社区教育自存在开始就经由学校为民众提供各式各样的教育。教师作为学校的人才资源，是非常重要的社区教育力量来源。学校内的各种设备同样是社区教育重要的硬件资源，学校是社区教育主要的依赖对象。

3. 教育资源

教育资源是指文化中心、博物院、历史纪念馆、图书馆以及体育中心等社区内部或周边的各种公用建筑，还有科技园、厂矿、当代农业示范园以及科学实验区等由社区合作单位授权的能够当作教育场所的资源。

4. 参与者

所有农村社区居民作为参与到社区教育的人员，既充当了学生的身份，又起到了教师的作用。参与人员的态度以及主动性对农村社区教育实行的进展起决定性作用。

社区内的各种教育组织、社区及其机构、所有居民以及学校这四方面构建了农村社区教育体系。在委员会开展的统管中，将社区作为基本依靠，激发社区居民的能动性，统筹教育的各方面资源，实行和社区实际情况相符的教育行动。

（二）农村社区教育的特性

农村社区教育是构成社区教育的重要成分，存在整体性、"三全"（全面、全员、全程）性、广参性、统一性等和社区教育一样的特征。

农村社区教育作为一种"大教育"，既与农村教育有着共同的施教区域，又有某些区别。所以农村社区教育的特性应该是区别于社区教育和农村教育的特殊属性，是其他教育所不具备的。根据上述分析，本书认为农村社区教育具有以下特性。

1. 教育类型的多样性

农村社区教育根据学校教育的时间划分为业余学校、全日制学校、补习学校、半日制学校、短训班、星期日学校、夜校以及半工半读学校；依照类型划分为成人教育、普通基础教育、继续教育以及职业教育；依照教育的地点划分为社会教育、家庭教育以及学校教育；依据文化程度划分为初等教育、中等教育以及高等教育。自孩童到年长者所有在社区中生活的人都是其服务的对象。上述各种形式及类型足以展现农村社区教育的多样性及丰富性，其会伴随当地社会及经济的推进而变得更加多彩。恰恰是由于农村社区教育多种多样的形制，显示出了现代社会农村对劳动人员教育水平及综合素质提出的高标准，从而对发展农村社区起到了积极作用。

2. 教育结果的显效性

农村社区教育目标，是为当地农村社区培养各种实用人才，进而使社区成员为发展农业生产、振兴农村经济服务。因此，农村社区教育关注的是教育的直接效应，具体说就是农村社区教育为脱贫致富服务。这种教育结果的显效性是农村经济发展所需要的，也是农村教育自身生存和发展需要的。注重教育结果的显效性，体现在教育内容的实用性。农村社区教育内容的制定尤其关注当地的发展要求、经济特征以及生产现状，这让教育内容符合当地的特性，是农村社区的前进方向以及一种教育风格。并且，农村社区教育关注对农电应用技术、养殖技术、农作物种植与深加工、育种等乡村农业及工业各方面生产技能知识的学习，让社区居民可以服务于本村的经济建设。恰恰是农村社区教育存在的这一系列特征，让人们在乡村生产技能知识掌握方面持续得到提高，得以在当代的精神及物质文明中生活。

3.组织管理的统筹性

农村社区教育作为社会性公共利益建设之一，和农村教育有所区别，管理者不单单是行政机构，还结合了群众共同进行管理，是一种前所未有的教育管理模式。通常镇乡或县社区教育内存在的委员会担任管理职位。管理农村社区教育要求具备统筹性，这取决于其自身特征。由于教育、科学及农业，职教、成教及普教，村、乡及县等统一体内各要素之间是彼此制约的关系，因此必然要进行统筹管理。农村社区教育统筹管理主要表现在：①统筹管理教育与经济的协调发展；②统筹管理教育结构的布局调整；③统筹管理"三教"发展；④统筹管理农科教结合工作。上述统筹管理工作均要求根据当地的经济和社会发展实际、当地的农村教育体系以及当地的科技与教育发展的客观要求进行具体操作。社区教育作为一种具备当地社区专有社会特点、地理以及文化的教育，因为不同社区存在不同的生态环境、资源、群众构成、职业结构、地理位置以及社会经济发展程度等，所以不同社区在处理疑难时采取的手法各异。经由管理的统筹化，建立一种经济和教育彼此带动的发展体系。

4.农村学校的辐射性

乡村地区学校作为汇聚人才的场所，其教师通常具备的文化水平较高，道德素养、文化水平、智能发展程度以及思想觉悟等都在当地胜人一筹。乡村地区学校存在的人才优势，决定了其具有鼓励、教育、辐射及引导功能，肩负着建设文明、咨询科技及教育的职责，是乡村社区的信息中心、文化中心、精神文明中心以及思想中心。社区应当全面使用学校天然存在的教育资源优势，强化其拥有的辐射作用。施展各种成人教育学校的有利形势，培养各类农村实用型能人，进而促进全社区教育的进步，推动本社区社会及经济的发展；施展咨询信息这一职能，经由学校将市场、经济、社会生产以及科技等相关服务提供给社区居民；全面施展文化中心这一作用，协助民众丰富自身的知识文化。

上述则是农村社区教育的独特体现，真正掌握及了解上述特性，便能全面施展及使用其职能，选择更好的策略方法，推进发展农村社区教育。值得一提的是，伴随乡村现代化、城市化以及工业化的完成，乡村社会及经济的全方位推进，上述特点的范围会日益变小，直至和社区教育相同。

（三）农村社区教育的功能

功能指的是物质体系中存在的重要功效、能力以及作用。农村社区教育具有的功能，指的是农村社区教育对社会的教育化以及教育的社会化促进时所存在的重要作用，在促进发展乡村社会以及培养乡村建设人员过程中所展现出的功能。

1. 社区发展功能

农村社区教育在空间上是以农村的地域环境为依托的，所以，它和乡村社区存在的联系十分紧密。服务于乡村是农村社区教育的根本功能。基本体现在以下几个层面。

（1）推动农村社区可持续发展。推动农村社区可持续发展是当务之急。居民作为众多社区要素中仅存的具有主导功能的元素。居民的主导性受其自身综合素质影响，其素质的提升离不开社区的教育。国外或国内社区的可持续发展走向显示，社区发展的根本是自然与人。发展社区的核心在于居民的发展及教育培养，显然，发展社区教育是发展社区的一个主要标识，社区发展的根本内容便是社区教育。

农村社区教育存在推动农村社区实现可持续发展的功效。农村社区教育作为连接农村社区当下及未来的枢纽，是发展社区的前驱。乡村发展与建设和农村社区教育之间融洽与否，其根本是经由社区教育的对象能否适应社会来显现的。总之，农村社区教育通过提高社区成员的素质，形成良好的社区氛围的方式来推动社区可持续发展。

（2）促进农村经济发展的功能。马克思指出"教育会产生劳动能力"。伴随科技及经济的日益发展，普及和传播农村社区教育逐步变成乡村再生产劳动力的主要方式。农村社区教育既是众多乡村劳动人员把控高新农业科技的一种方式，又是为乡村社会经济及科技培养人才的根本途径，也是迅速、全方位推进乡村经济发展的重要方法，更是生产力由科技变为现实的枢纽。

促进农村经济发展是我国开展农村社区教育的主旨之一，农村社区教育理所当然要服从、服务于这个中心。此外，农村社区教育还将学校教育与社会教育融为一体，有利于大面积、高效率地普及科学知识，使之在更大的时空范围内被更多的社区成员所掌握，从而逐步实现教育社会化和社会教育化的目标。

2.教育辅助功能

（1）促进教育改革和发展。社区教育其根本特性就是社区性，所以，发展社区教育能促进建立终身教育系统，丰富原本的教育系统。

农村社区作为让社会形势与众多居民互相关联的主要场所，经由在该场所内有安排、有组织地全面统筹部署各式教育行动，让社区化身为一所高校，依照乡村在社会经济方面的发展要求，全面开展居民的教育。所以，农村社区教育能够促进发展教育的总体事业。首先，整改了办学的单一形式，使社区中不同教育模式之间的渗透、综合以及联系得到增强；其次，整改了教育的现状，使其贴近社会及经济的发展；最后，整改了学校的状态，加强了社区及学校之间的联系。教育扩展至乡村社会的不同范畴，形成各种层次及模式的社会教育，建立起"大教育"的形势。其在对所有乡村教育要素进行统筹的同时，还激发社会层面大力创建教育事业的能动性，落实有序性、高效性的乡村地区社区教育，进而让可持续发展在乡村社会得以实行。

（2）提高社区成员素质。农村社区教育是形式较为独特的一种教育，弥补了学校方面培养居民综合素质的欠缺。出现社区教育之后，更改了原先终结性的学校教育状态，学习者在完成学业后，仍然可以享有多种受教育的权利，针对其未能在校内掌握的多项素质能力可以提供终生享有的弥补教育。所以，由乡村学校常规的教育，转而面向社区公开的教育，便是乡村教育的改进创新，是实现全过程及全成员素质教育的一种大创新。首先，它实现了各个成员的意向志愿，发展了成员特有的个性；其次，它提升了成员的归属意识，增强了成员间的彼此合作以及理解；最后，让社区群众自发地优化自身活动，与社区准则相符。

（3）促进社区成员终身教育发展。居民的终生发展与其终身学习息息相关，居民经由持续的学习，让自身得到完善、提升以及更新，既提高了居民的综合素质，落实完善发展，又保持了与发展中的社会及自然的均衡。实验显示，发展社区的教育，可以最大化地满足居民终身学习的要求。首先，社区教育具备全员性，无论居民年纪的大小都具备接受教育的机会及权利，都能满足其学习方面的需要，展现了终身受教育的公正性及公平性。其次，社区教育所具备的全方位性及全程性，促使其自身主动地创建教学条件，让居民在人生各个环节中的不同层次、不同种类的受教育需求得到满足。最后，社区教育具备的广泛参与特性，让社区教育的发展成为整个社区的工作，每个人都支持教育、参与教育、关心教育，为居民终身学习一同提供服务。因此，居民实现终身学习的根本保障便是社区教育，其为提升居民素质，完善居民终身发展开创了新的局面。

（4）"能人效应"的培养。在发展乡村社区的实践及理论上，普遍引起大家关注的一个问题是，在提升社区整体素质时，乡村社区急需综合水平较高的"能人"引领社区的发展，团结零散的个人及家庭，进而在更大的社会领域内提升社区的实际参与力量。然而，人才的不足让普通乡村社区发展存在不便，就算产生个别人才，他们所学到的知识与社区整体素质也不相适应，缺乏施展才能的社会空间，而使其最终选择离开当地的乡村社区。就纯经济学视角来分析，社区及家庭的投资并未获得相应的回馈。如果漠视成人层面的教育，而单单重视学校方面的教育，只会让人才的损失更加严重。社区教育应当把更好的方法提供给居民，给予他们莫大的鼓励，让人才获得社区的一致认可。

一个相关的问题是，在传统的社区内，居民因为教育不足而难以有效地进行组织，无法满足现代化农村发展过程中所需要的规模化、专业化以及社会化的大生产。然而，在农村社区的外部以及内部形势都出现大规模转变的情况下，农村社区教育会给予其有利答复。首先，社区人才具有教育他人的作用，即农村社区教育具备一定的示范效应；其次，社区居民可以广泛地参与到社会教育中，从而动员社区居民参与到社区发展中；再次，社区教育能够有效地检验及开发社区组织能力；最后，有效的社区教育能够开发人类智能及技能，提升居民的整体素质，会让人们自发地形成开展组织的意愿。提升乡村居民的社会化水平及整体素质是发展农村社区最重要的目标，对此，既需要提升个体在整体及群体内部运动的规则性，让社会的运动更为有条理性，又需要激活社区内能量较低的个体，让其能量水平逐渐提升。面对上述问题，怎样让农村社区教育在发展社区过程中作出实际贡献，同样是发展社区所面临的主要问题。

二、农村社区教育运行机制

（一）运行机制的基本要素

运行农村社区教育，也就是运行社会教育化以及教育社会化双向线路，实现社会和教育的融合，完成发展农村社区以及育人的双层目标。运行农村社区教育的机制指的是社会其他实体和农村教育在某一农村社区中双线路运行时，各个元素的合理搭配及处理完成其关系的所有手段、方法以及方式的合计，是落实社会与教育相互融合的操作程序。

依照运行机制的概念，运行农村社区教育的机制不是片面的，而是由决策机制、执行机制、调节机制、约束机制、动力机制等组成的完备运行的机制系统。

1. 决策机制

决策机制作为运行机制系统的核心，能够对运行步骤、任务以及目标进行决策选择。建立决策机制，可以有效协调及控制运行农村社区教育的各个元素。决策组织的构成包括政府机关、社会其他实体领导者、学校、知名社会人士以及乡镇企业。

决策运行的基本内涵为确定可行目标，制订实施计划。决策组织需要对社区教育目标运行、工作以及活动的整个经过制订出实际有效的计划。以规划当地社会及教育一体化的抉择作为农村社区教育的主要决策，要求乡政府（镇政府）参与统筹。首先，应当将教育、科技、经济等现有的体系当作一个大体系，利用调控系统的方法，使总体得到改善。其次，加强社区的办学机制，加强社区的办学机制的中心任务便是将垂直管理、封闭的仅依赖国家及地方政府办学的老旧机制，转变为国家主导、社会协助、社会监督及政府有关部门共同管理的新机制。

2. 执行机制

执行机制指的是农村社区教育中的构成单位在形成一个彼此影响的总体后，明确并做好自身职责，制订相应的条约制度及实施计划，组织、动员及宣传群众，让农村社区教育向决策安排的目标及方向前进。在执行时，要具备战略性的思想，顺应经济发展趋向，关注社会层面教育，逐渐优化及改良社会教育的形势。重视三方面教育的统筹，巩固成人教育及职业技能教育，强化普通教育，让乡村的社会需要得到满足。

3. 调节机制

农村社区教育作为一个新生事物，需要全社会的共同扶植，为使农村社区教育运行不偏离目标，在运行中一经遇到障碍与困难，必须加强调节、协调，使其有序运行。主要调节手段有行政调节手段、计划调节手段、政策调节手段、评估调节手段等。

4. 约束机制

约束机制指的是乡村地方政府凭借行政权力制定有关方针，制约社区教育中的构成单位依循计划及决策的方向进行运转。其基本内容为：①地方政府参与管理当地社区教育中，确保学校教育符合乡村地区的实际情况，完善发展农村社区教育。②将社区教育归纳到管理社区下属单位的指标中，草拟评价准则，将是否在社区教育中参与，以及是否依托教育作为考核的一项内容，按时实行考核。③将社区教育归纳到乡村社会及经济的发展规划中，统筹第三方产业和建设乡镇企业的发展及教育发展，将参加社区教育及提升劳动者的综合素质纳入年度主要的工作计划内容。

5. 动力机制

动力机制指的是促进社区教育发展的动力。动力机制基本内容是：①乡村社区中才高识远的人才是发展社区教育的核心力量。②共同的社区利益是产生、留存及发展农村社区教育的动力。家庭给予后代的期许，乡镇政府在建设社区中对群众素质提出的要求，地方企业给予员工的技术要求，均从各方面影响学校对学生的培养。因此，学校、家庭、乡镇政府、地方企业为了相同的利益而联合发展农村社区教育。③乡镇政府重视农村社区教育并参与其中是运行农村社区教育的基本前提。

（二）运行机制的启动

启动运行体系的工作内容包含启动前的各项准备工作、运行机制的启动手段及形式等。

1. 启动前的各项准备工作

在启动之前应做的准备工作指的是运行社区教育之前需要完成的所有准备任务，可分为规章制度方面的准备、组织方面的准备以及思想层面的准备。

规章制度方面的准备指的是在运行社区教育之前，社区机构草拟约束社区教育的各项基础制度、规则、章程等，从而在落实社区教育的过程中更容易协调各方面节奏，使运行更加有效；组织方面的准备指的是在运行社区教育之前，培养训练、调动集中专门的社区教育职工，筹划修建管理社区教育的机构；思想层面的准备指的是在运行社区教育之前，加强全体居民认识及重视社区的程度。做好以上准备任务是运行社区教育的前提，只有妥善完成各方面基础任务，才可确保社区教育有序运行。

2.运行机制的启动手段及形式

（1）政府层面统一筹划，加强制度建设，使用决策体系。

（2）构建组织，创建团队，健全基地，使用执行体系。社区教育实际落实的三要素便是基地、团队以及组织。

（3）在运行社区教育过程中，使用调节体系。怎样将政策、行政、评估以及计划这四方面调节方式控制在行为性的动态内，便是落实以上调节方式的运作历程。运作时，需要加入有关行政组织，让调节体系有效地运行。

（4）加强管理是启动约束机制的关键。这里所说的管理，是指为了使约束机制的功效不断提高所从事的一系列活动。为发挥约束机制在社区教育运行中所产生的参与协调作用，社区教育委员会必须加强管理工作。同时加强监督，及时反馈信息。

（5）启动社区教育的动力机制，其根本是社区成员单位对社区教育价值取向的认同。它是社区整合体内驱力产生的源泉。共同培育人才汇集着学校、家长以及社会共有的期许，是连通三方面的桥梁。深层次的久远的价值倾向以及相同利益，能够促进教育及社会形成统一体，让社会逐步教育化，让教育逐步社会化。①

第二节　农村社区教育融入社区治理的探索

农村社区教育融入农村社区治理即农村社区教育以服务农村社区治理为目的诉求和价值取向；农村社区教育活动的开展要融合、渗透到农

① 谭延丹."学校——社区互动"：农村学校社区课程资源开发个案研究[D].长春：东北师范大学，2019.

村社区治理的各个环节和方方面面；农村社区教育的目标、内容、方式要以服务农村社区治理为宗旨，最终促进农村社会成员个体的全面发展和农村社区各项事业的全面发展，推动实现农村社区的善治。这是因为二者都是以"农村社区"为空间载体，具有"社区"的共同属性，均是在农村社区范围内开展各项活动，目的是促进发展和谐社区，推动整治公共事务，提升社区成员综合素质。双方的逐渐交融是提升乡村社区等级，整治乡村社区使其逐渐规范的客观要求，还是提升农村社区教育所含内容的客观选择。

一、农村社区教育融入社区治理的理论依据

（一）治理与善治理论

治理与善治理论被学者们普遍认为能够弥补市场失灵和政府不足。俞可平先生是当代专门研究社会治理和善治的学者，他明确强调政府和社会要多元化合作，政府只是主体之一。[1] 善治则指的是政府与其他利益相关者对于社会生活事务管理进行多方合作，要求国家与人类社会不仅需要合作，还需要进行一种良性互动的合作，促使公民能够积极、自愿、高效率地参与进来，从而实现公共利益的最大化。因此，农村社区教育融入社区治理，不仅要发挥政府治理统筹性、权威性强、手段多样（行政、法律、经济等）等优点，还要重视多元主体参与，形成政府与企事业单位、学校、民间组织等多元主体间的良性合作机制，进一步提高农村社区教育融入社区治理的效率和质量，推动建设和谐农村社区。

（二）新公共服务理论

新公共服务理论兴起于西方国家，强调了政府的职能就是为公众提供服务，以努力追求、实现和维护利益最大化为目标；政府所要服务的对象是全体社会公民，以实现公平正义为原则，要充分关心和维护全体社会公民的安全和共同利益；不仅要高度重视劳动生产率、重视人，以

---

① 贺祖斌，林春逸，肖富群，等.广西乡村振兴战略与实践 社会卷 [M].桂林：广西师范大学出版社，2019：14-15.

人为本，还要高度重视公民权；公共行政部门工作人员必须始终致力于树立共同的社会公共利益概念，缔结共同的利益与责任联盟，重视维护政府和公民之间相互信任和协调合作的社会经济关系。因此，在推动农村社区教育融入社区治理的实践过程中，政府不仅是社区治理政策的具体制定者，还是社区公共服务的主动提供者，要充分尊重社区居民的权利，为广大农村社区居民群众提供一种高覆盖率、优质的社区教育服务产品。同时，基层政府与公民要加强合作，促使所有公民关注公共利益，最终惠及农村社区每个人，推动农村社区治理。

（三）教育与社会关系理论

教育不仅可以使人变得更加理性，通过个体独立思考，更加积极主动地参与公共生活，还给予公民科学的价值标准，通过学习法律、公民精神的内容，抑制自己犯错的可能性。从教育与社会关系理论的角度来看，教育让劳动者积累个体资本和价值，从而实现可持续发展。教育作为终身要素和私有财产，凝聚在劳动者自身素质结构中，被人类携带且不被剥夺。教育对于社会的重要性的判断分为：一是基于"现时效用"而对教育在某一时段内可显示的用途的一种"功利性判断"；二是基于"长远视野"而对教育在推动社会发展中可发挥的作用进行的一种"根本性判断"。基于此，农村社区教育融入社区治理，无论从"现时效用"还是"长远视野"来看，都有其重要意义。

二、农村社区教育与农村社区治理的关系

（一）农村社区教育是农村社区治理的重要动力

首先，农村社区教育通过开展道德教育，充分发挥其在传播和弘扬中国特色社会主义核心价值观中的作用，有助于推动和促进农村居民的全面健康成长，提升其道德素养；通过对农业科学与技能的教育，聚集了人力资本，有助于培养新型职业农民，提升经济增长的内驱动力。其次，农村社区教育通过公民意识与法治教育，能够增强个体的公共精神，从而提高农村社区居民的权利意识，提升参与能力。最后，农村社区教育发展能够促进多元主体参与社区治理。通过激励政府、企事业单位、

民间组织等相关利益主体自发加入。多元主体对农村社区教育进行课程建设、活动策划、资源整合，进而推进农村社区治理的社会化进程。

（二）农村社区治理是农村社区教育的有效保障

农村社区治理能够规范政府行为、拓展主体参与路径、健全自治制度、提升村民自治水平等，有助于激发农民和社会组织参与公共生活和社会治理的积极性，培养农民的公共精神，从而有助于农村社区教育发展。首先，农村社区治理有助于提高广大学习者的积极性。推进农村社区治理能够解决与农民切实相关的问题，进一步改善农村居民的生活质量，满足农民的合理诉求，不断提高村民满意度。农村社区居民物质生活有保障后，才能没有顾虑地加入农村社区教育，改变现今农村社区个体的消极心理和片面认识。[1] 其次，农村社区治理促进教育主体的多元化。农村社区治理通过确立合作共建、协同共治的治理方针，将行政型管理转变为合作型治理，引导企事业单位、民间组织、个人等积极参与农村公共事务管理，积极发挥社会各界力量，实现全员、全程、全面治理。

三、农村社区教育融入社区治理的必要性

（一）培育终身学习文化，促进农村学习型社区建设的必然要求

农村社区教育本身就蕴含着推动社区治理的因子，与农村社区治理并非相互独立，二者是同向互动关系，借助其深层互动，推动培育终身学习文化以及建设农村学习型社区。首先，有助于驻地单位联动，学校与社区互动。驻地单位与各级各类院校向农村社区提供场地和人力资源，开发出具有地域性特点的课程、教材；充分挖掘优秀的乡土人文教育资源，开展对中华优秀传统文化的教育；立足于历史和文化的资源，开展特色鲜明的实践性教育活动；有助于培养终身学习型农村文化，构建一

---

[1]　杨育智，安步赢.农村社会治理创新与农村社区教育发展的同向互动 [J].山东广播电视大学学报，2019（4）：28.

个学习型农村社区。其次，有助于培养学习型组织。通过培育学习型政党、机关、企事业单位、家庭等各种正式的学习型组织，以及社区学习共同体、睦邻点等非正式的学习型组织，进一步助力学习型农村建设。最后，有助于活动载体多样化。社会各方力量共同参加，以博物馆、体育馆、多功能活动中心等作为场地，通过组织开展多种形式的教育培训和文娱活动，丰富了培训活动的载体，营造了终身学习的氛围，进而培育终身学习文化。

（二）解决好"三农"问题，推进社会主义新农村建设的必然要求

社会主义新农村建设，首先就是要解决"三农"问题，农村社区教育融入社区治理对解决"三农"问题有很大的保障作用。针对农业问题，农村社区机构可以和高校合作，派遣农业专家，深入基层，对农民遇到的各种农业问题进行指导并提出方案，助力增收创收；针对农村问题，农村社区教育中心可以在农村进行法制、人文、道德、生态等教育，改善乡村面貌，形成邻里守望相助的良好气氛；针对农民问题，农村社区可以与企事业单位合作，定期开展教育，提高各项技能与道德素养，帮助解决就业问题，创造多样的就业机会，促进新农村建设。[①] 总之，农村社区教育植根于农村，服务于社区居民，其本身所具有的社会、政治、经济、文化、生态功能，既可以开展社会公德、职业素养、奉公守法等各个方面的教育，培养出一批有理想、有职业精神、有规矩和纪律的村民，又可以对社区内的居民开展专业技能训练，进而提高劳动效率；还可以通过对农村社区居民的文化与生态保护知识宣传教育，促进社区居民的身心健康全面发展及农村社区的生态优化，进一步推动和促进农村地区的经济社会可持续发展。

---

① 张安强.我国县域社区教育质量保障体系研究：以义乌社区教育为例[D].金华：浙江师范大学，2013.

第三节　新农村社区教育模式分析

一、新农村社区教育的功能

教育功能实际体现为推动社会及民众的发展，因此推进发展和谐社区以及提高成员综合素质便是社区教育的功能所在。我国研究农村社区教育有关的专家们在划定农村社区教育功能的界限时，也都存在各自不同的看法，本节将立足于教育功能的观点，将新农村社区教育功能划分成以下几个方面：

（一）教育育人

农村社区教育作为教育系统的细分项目，其教育对象为乡村社区的所有居民，经由多种方法，选择合适的形式，有组织、有安排以及有目标地对社区成员进行引导，让其能力得到发展，道德思想得到锻炼，技术知识得以丰富，符合多方式、多层面、多种类的乡村社区居民教育要求，并通过提升成员的文化、道德素养以及业务等，让其充分施展自身特性，培养特有的品性，最后落实农村社区教育所具备的教育功能，让社区成员变为全方位发展、有良好道德、有生活品位、有工作品质的新人。

农村社区教育所具备的教育功能可总结为：锻炼社区成员的自我服务能力；提升社区成员的文化教育程度；发展社区文化方面的生活，开展娱乐休闲文化活动，宣扬树立优良的居民关系，创建优良的生活物资；增强社区成员之间的彼此协作意识，优化社区人际关系。

（二）可持续发展

社区可持续发展，是指在特定的社区范围内，经济、社会、人文、自然环境等诸多要素的整体协调发展。这是一种人与自然和谐共存，人与社会共同发展的新型发展模式，其强调生态环境效益、社会效益和经济效益的统一。《社区发展和经济发展》指出："社区发展是一种教育过程。"同时指出："社区发展是指人民共同努力并与政府有关机构协同改善社区的经济、社会、文化情况。同时将社区统合到国家整体生活之内，使其对国家的进步更能有所贡献。"可见,社区文化教育的状况就是衡量社区发展程度的重要标志。

具体表现在:其一,它是农村精神文明建设和物质文明建设必不可少的工具。农村社区教育在促进农村经济建设的同时,注重农村社区精神文明建设,加强对社区成员的道德素质教育。其二,通过大力发展农村社区教育,加强了农户的归属感,促使社区成员自觉地调整自己的行为,来符合社区规范,使他们自觉、自愿地积极投身于当地的环境保护与建设之中。其三,社区教育开展的民主与法制教育、普法教育,不仅能够增强社会成员的民主和法治意识,还能让他们懂得了公民的基本权利和义务,提高广大农民的生态环境意识,从根本上解决环境问题,促进生活环境质量的提高。

总之,农村社区教育通过提高社区成员的素质,形成良好的社区氛围来推动社区可持续发展。

(三)促进经济发展

促进农村的经济发展是开展农村社区教育的主旨之一,农村社区教育理所当然要服从、服务于这个中心,其主要通过培养农村经济建设部门需要的,掌握一定现代化生产技能的各类高素质劳动者来实现这一中心任务的。农村社区教育是培养发展农村各项事业所需的人才和实现劳动力"再生产"的重要手段,同时也是农村科技发展、传播、更新的有利因素。只有通过社区教育,才能使作为知识形态、具有潜在生产力的科学技术实现社会的再生产;只有通过社区教育,培育出更多的高素质劳动者,才能使潜在的生产力转化为现实的生产力。同时,农村社区教育还将学校教育与社会教育融为一体,有利于大面积、高效率地普及相关的科学知识,使它在更大的时空范围内被更多的社区成员所掌握,从而逐步实现教育社会化和社会教育化的目标。农村社区教育通过统筹管理,盘活社区内外一切可利用的教育资源,通过学校和社会的"双向"参与,使教育渗透于社区建设的各个领域之中。农村社区教育通过促进农村经济建设,达到居民物质生活质量的提高。

（四）构建和谐社区

乡村的和谐社区指的是在某一农村地区的社区领域中，社会、经济、自然环境以及人文协调开展的新型观念。农村社区教育应当将创立和谐社区作为切入点，在促进社会、经济、自然环境以及人文协调开展的各因素中，由社区占据主要地位。构建乡村地区和谐社区很大程度上受发展乡村社区的整合体系的影响，发展乡村社区的整合体系涵盖认同性、功能性以及制度性三方面的整合，在这当中整合的首要方面就是认同性。落实认同性方面的整合形式则是农村地区的社区教育，提升农村社区居民归属方面的意识，离不开农村社区教育的栽培。并且，农村社区教育还能通过开展法律教育、科学文化教育、职业技能教育、思想道德教育等教育活动对居民进行培养，以此落实乡村社区的协调开展，让居民在引导社会可持续发展中占据重要地位，从而促进建设和谐社区。

二、新农村社区教育管理体制

新农村社区教育应当将政府作为主要领导者。要在发展农村社区教育过程中树立及加强政府的政治义务，确保所有公民具有同等受教育的权利，尤其是义务教育，要在教育方面给予农民更多的关怀。在政府发挥主导作用的前提下，强化学校、政府机构、社会各界以及非政府机构于农村社区教育范畴内的协作，增大教育方面投入，对体制进行创新，将优质化、均等化的教育服务提供给农村社区。

当下广泛使用的管理机制是以村、乡镇、县作为主导者，社会各领域共同参与社区教育管理的组织模式。乡镇社区教育委员会作为其基础的管理组织，是将乡镇行政地区作为重点的社区教育委员会的主要组织模式，通常由区域内的学校、企事业单位以及乡镇有关部门担任其成员，乡镇政府的领导者担任其主任。委员会的办事处由乡镇文教科或社教科等部门来担任，对社区教育平时的管理协调工作进行实际处理。

这种以行政为主的管理体制，存在显著的行政特性，主要有三方面特点：

（1）具有广泛的覆盖面。区域型农村社区教育委员会涵盖不同种类的社区教育形式，便于整体组织及规划，将社区打造成学习型社会。

（2）具有较强的统筹性。因为社区教育委员会是依照行政区划而构建的，所以农村社区教育是社区内所有部门、单位的共同责任。农村社区教育委员会能够对社区中的教育资源进行有效协调，使其资源效应得到充分施展，营造优良的社区教育形势。

（3）具有较高的权威性。农村社区的党政领导对社区教育的统筹协调、规划、决策工作直接进行参与，因此具有强大的影响力以及鲜明的行政权威。

三、我国新农村社区教育的模式

（一）联动型社区教育模式

当前，将街道办事处作为主导是我国主要的农村社区教育构成模式。基本指将街道作为所属行政地区内实施、组织、协调以及监督社区教育的部分，基于社区文化以及社区服务开展的各种活动性、文化性以及休闲性的社区教育。主要有两种模式：

第一，街道办事处以及相关职能部门按行政方式布置，检查社区教育工作。

第二，由当地党政领导挂帅成立的社区教育委员会，有关职能部门及驻区单位参加社区教育工作。该模式具有较强的行政管理色彩。

其特点为：具有政府主导特性以及较高的社会参与水平。

其优点为：有利于街道办事处占据主导地位，并且能在某一特定程度内调动各方面社区资源。

（二）活动型社区教育模式

该教育模式将小学及中学作为主导，并在内部教育系统中逐渐得到发展。基本指将小学及中学作为协调、组织地区性社区教育的部分，经由本体办学优势及资源开展校外活动。主要有：

第一，以学校为主体开展各种形式的教育文化活动。

第二，由学校牵头，社区教育协调委员会参与，并向农村社区居民开放校内文体活动设施。

其特点为：第一，以学校为主导，落实学校教育；第二，共享资源，和社区成员共享学校成果；第三，具有高社会参与水平。

近几年，这种形式演变为成人教育，并彰显出其区别于小学与中学的独特价值及功能。

（三）综合型社区教育模式

将农村社区教育作为媒介，基本指将社区教育作为领导地区性社区教育的部分，通过学历教育、文明社区总校、非学历教育等方式，开展不同模式的社区教育。主要有：

第一，接受街道办事处、区域内单位或者民政局委托开展社区教育。

第二，通过各种课程、项目的研究等手段，组织教育教学活动。

其优点为：不仅便于某地区内驻区单位及政府部门之间开展业务交流，还便于社区教育体系内部资源的重组。

其缺点为：在社区教育的产出与投入、现存教育管理机制之间的相容性、施展理事会作用、综合改造传统学校教育、各社会领域认可社区学院程度等方面有待改进。

四、我国新农村社区教育模式发展

（一）加快社会主义新农村建设

新农村社区教育的实行要求我国必须加快建设新农村，促进经济发展，使教育水平有所提升。所以，在对新农村社区教育形式进行研究的同时，还要抓紧建设新农村。这就需要做到以下几点：

第一，进一步提高我国农业生产水平，加快农村基础设施建设。我国农村还存在一些需要改进的地方，这需要长期有效的政策与保障作支撑。

第二，进一步提升农民的生活质量，创建公共服务体系。当前，我国建设新农村的首要任务就是，研究怎样让城市公共服务覆盖至农村，怎样将城市基础建设延伸至农村。因此，在建设新农村的过程中应抓紧建立健全农村社区的服务体系以及基础设施，特别是文化、科技、卫生、教育等公共服务系统方面的建设，以此优化居民生产生活条件，使居民的文化水平以及生产生活质量持续得到提高，让居民的生活转向健康文明的模式。

第三，进一步加强农村社会的统筹规划。在建设新农村时，必然要充分运用建设新农村的优惠政策，增强改革力度，着力调整增长经济及发展农业的方法；加快农业的产业化发展进程，完善相关技术装备，使农产品的市场占有额及科技水平得到提升；日益优化农村基础公共建设等，来推动农村社会的基础性发展。①

（二）构建新农村社区教育三级平台

对我国大部分乡县的农村社区教育而言，要想达到全方位、全程以及全民的新农村社区教育，还需努力。社区教育的实体有两类，分别为社区教育平行组织和社区管理机构。当前，在我国新农村的社区教育中，虽然某些先进的农村已经创建出乡县社区教育的委员会，但其有效的权威并不充足，社区中存在的学校实体数量少，因此有强化建设新农村实体的必要。在对新农村的社区教育形式进行探究的过程中，需要考量其发展的下一步路线，也就是达到社区及教育的融合发展，创建三级的新农村社区教育平台。

第一级——县级平台。在该层面，需要统筹管理社区教育的委员会，建设县级的一体化社区教育学校或中心，由文化馆、图书馆、学校等方面构成，从而凝聚各方面力量，施展总体有利形势，让其变成新农村社区教育的引领者及实体，更有效地服务于新农村社区教育。

第二级——乡镇级平台。在乡镇级要实现乡镇社区教育委员会统筹管理，一方面，应当着重增强建设乡镇层面的综合文化站，让它变成社区教育的一种实体，能够借阅图书、举办活动、开展培训等；另一方面，应当着力丰富乡镇农村初中的办学功能，统筹成人教育、职业教育与基础教育，形成一体化的农村综合性社区教育。

第三级——乡村级平台。在该层面，应依托于小学，经村委会引导建立村级的社区教育中心。小学应当努力展开文艺教育、健康教育、劳动技能教育等，让自身潜力得到充分发掘。

---

① 庄西真.教育政策执行的社会学分析——嵌入性的视角 [J].教育研究，2009，30（12）：19-24.

（三）确立县级统筹管理模式

现今，我国大部分县区建立了"政府统筹型"的管理模式，农村社区教育工作涉及教育、民政、财政、人事、劳动等十多个部门，我们在确立新农村社区教育模式时就必须将"统筹"放到显著位置。目前大致可以分为以下两种模式：

第一，县区指导下的"乡镇统筹型"模式。该模式以乡镇为"龙头"，统筹地方的社区教育，比较适用于经济较为发达的地区。新农村社区教育的"乡镇统筹型"模式，特点在于将"三教"与"农业、科技、教育"相结合，即经由地方政府对农村教育的教学目标进行统一筹划，将农村的成人教育、职业教育以及基础教育的目标定为提升农民整体素质、实行农村社区教育，从而实现共享资源，最大限度地施展农村社区教育的功能。

第二，"县级统筹型"模式。一般情况下，我国县镇农村社区选择由县一级统筹。该模式不仅符合我国社会运行机制的特点，同时也符合我国社区教育发展水平的实际要求，是我国新农村社区教育组织管理的主导模式。它对于全面协调、服务、指导、评价农村社区教育，促进我国城乡社区教育的快速发展起到很大的积极作用。

第七章　现代高校社区教育

第一节　高校社区教育责任的实现

一、高校社区教育责任与相关概念的联系与区别

有很多概念与高校社区教育责任之间关联密切，我们应将之做出严格的区分，明确高校社区教育责任的内涵，找出高校社区教育责任和与其有密切关联的概念之间的区别与关联。

（一）高校社区教育责任与高校社区教育义务

义务是一种需要主体承担的具有强制性与普遍性的责任，是社会于道德层面对个体行为提出的要求，是每个个体不能拒绝的道德责任。由此看来，高校社区教育义务指的就是社会要求高校主动承担和必须履行的最低层次的社会教育职责，是高校社区教育应承担的成文的最低社会要求和责任标准，其中有具体的行为规定，具有一定的强制性。高校社区教育责任能够反映社会层面在社区教育事业的发展上对高校抱有的一种行为预期与角色预期，这种认知具有一定的规范性，体现了社会对于高校发挥自身职责能力并主动承担义务的明显倾向。从一定角度上看，高校社区教育责任的层次要高于高校社区教育的义务。从具体上看，高校社区教育义务需要高校被动接受和履行，具有一定的强制性。而高校

社区教育责任则是需要高校形成良好的社会责任意识，主动接受和承担，因此相比于前者，高校社区教育责任具有更高层次的意义。从二者的关系上看，履行高校社区教育义务是施行高校社区教育责任的基础，但高校社区教育责任往往需要高校跨越社区教育义务这一层面，积极主动地承担与践行。

（二）高校社区教育责任与高校社区教育职责

从字面上看，高校社区教育责任与高校社区教育职责只有一字之差，但从概念上看，二者有很大差异。责任一般立足于比职责更加宏大的道德伦理层面，它要求和强调承担对象尽职尽责、发挥一切能动力完成分内之事，如若未能完成，则需要接受社会层面的监督、谴责或其他处置办法；而职责主要重视和强调的是个体应按照职业提出的限定、规范产生具体的行为。高校社区教育责任机构人员在履行社区教育责任时，需要遵循严格的职业行为规定并承担相应的责任。从内容上看，高校社区教育的责任相较于职责更加丰富全面，因此高校社区教育各个岗位的工作人员只有履行好自身需承担和认真践行的职业化、具体化的社区教育职责，才能完成自身高校社区教育责任。高校社区教育责任包含了职责。①

（三）高校社区教育责任与高校社区教育职能

高校社区教育职能指的是高校为了提高社区居民的生活质量与自身素养，为了实现社区持续发展所要发挥的能力与承担的职责。高校社区教育职能是高校基于自身资源影响外界事物的作用与能力。

高校社区教育责任指的是高校需要承担和践行的社区教育发展方面的一系列责任，它是社会赋予高校的一种行为与角色上的期待，需要高校自觉承担并认真履行。因此，前者是后者职业化、具体化的践行与实施，也是后者践行的基础。

（四）高校社区教育责任与高校社会教育责任

高校作为高等教育机构是社会的重要组成部分，社会上的智力资源

---

① 博克.走出象牙塔：现代高校的社会责任 [M].徐小洲，陈军，译.杭州：浙江教育出版社，2001：26.

绝大部分集中在高校。高校是有着渊博知识教师群体的集合，也是拥有探索求知精神的高校学生群体的集合。拥有众多掌握前沿学术与先进技术知识的教授学者是社会的重要组成部分，对社会的发展与进步有巨大影响。高校具有较强的社会教育能力，如开民智、助民慧、齐民心等，高校应充分发挥自身的社会教育能力，自觉承担与履行社会教育责任，不辜负社会赋予的角色期望。高校社区教育责任是围绕社区、促进社区发展的教育责任，要求高校将社区作为切入点，履行社区化、区域化、具体化的高校社会教育责任，为高校社会教育责任的践行与实现提供了基础；而高校社会教育责任则是更加全面、层次更高的高校社区教育责任，为高校社区教育责任的实现提供了具体的行动框架与模板。

二、高校社区教育责任实现的原则和策略

践行高校社区教育责任的过程中往往带着发展社区教育的迫切需求，需要面对各种复杂的情况。为了解决当前社区教育发展过程中不断出现的种种问题，高校需要立足于宏观层面，为发展社区教育、解决相关问题制定合理科学的发展策略。在制定策略的过程中，高校必须要坚持相关原则，坚持发展社区教育。

（一）高校社区教育责任实现的原则

1.嵌入性原则

"嵌入性"的概念是卡尔·波兰尼提出的。波兰尼呼求一个能够实现全面整合的社会，将"社会"概念放置在分析的中心视野之中。嵌入性即是指一事物内生他事物并与他事物密切联系的程度。

波兰尼提出嵌入性理论，主要是针对人们在探讨制度的构成、起源及变迁的过程中忽略了此制度产生的社会土壤及环境的现象。有鉴于此，高校社区教育责任的实现，首先是嵌入式的社区教育，谨防高校社区教育责任践行过程中的"脱嵌""断裂"现象的发生。高校社区教育责任实现的嵌入主要包含空间、文化与历史三个面向的嵌入。

首先，嵌入的社会空间面向。波兰尼借助采煤业中煤炭分离出来之前，各种矿质在整体矿床上表现出的自然相互交融滋养与共同生长的状态

来比喻空间嵌入的"交互性""共生性"特征。① 社区教育是高校社区教育责任的主要内容，社区群众是高校履行社区教育责任的主要对象。聚居和杂居是我国社区目前的主要特点，不同阶层、不同民族、不同社群的人们总是在一个社区中聚居，因此，高校在开展社区教育活动时，应对不同阶层、民族与社群居民的特点与教育需求做出综合的调查与考虑，制定合理科学的教育规划，以促进不同阶层、社群及民族之间的群众积极互动，避免社区教育方式与内容的分割化与条块化，遵循"你中有我，我中有你"的原则，推动社区教育方式与内容的多元化发展，使高校社区教育责任切实落实，达到"美人之美，美美与共"的教育效果。②

其次，嵌入的社区文化面向。社区文化即空间面向中波兰尼用于比喻的"矿床"。高校在践行社区教育责任时，应从社区文化着手，对社区文化的内在机理予以重视，由内部向外逐渐辐射社区教育活动的影响。一方面，高校开展社区教育活动应以充分尊重社区文化为前提，尊重社区文化的独特之处，尊重不同文化、习俗之间的差异；另一方面，高校可以对社区文化进行充分利用，以此推进社区教育活动的顺利开展。对于社区居民来说，社区文化是获得其普遍认同的一种内在规范，利用这一内在规范开展社区教育活动能够大大提高社区居民参与社区教育活动的积极性。

最后，嵌入的社区历史面向。高校可以适当借鉴成功开展社区教育活动的相关案例的经验，以保证高校社区教育责任的有效履行。人们可以在回顾历史时有新的收获，历史可以根据你曾经的经历为你做出最合适的选择提供一定的帮助与经验依据。相关学者在研究分析长时段的历史过程后指出，高校应先对特定社区的教育历史发展过程进行回溯与分析，做好梳理工作，精准定位社区教育发展过程中不断积累的历史钩沉，以此为依据，制定与之发展相适应的社区教育内容与方法。在对特定社区的教育发展历史进行追溯的同时，应积极探寻对当下构想、开展与实施社区教育活动有益的方法路径。高校应站在尊重历史生态的角度上，通过考察特定社区的教育历史，对社区当前教育发展的实际情况有清楚

---

① 黄志辉. "嵌入" 的多重面向——发展主义的危机与回应 [J]. 思想战线，2016（6）：99.
② 庄西真. 教育政策执行的社会学分析——嵌入性的视角 [J]. 教育研究，2009（12）：19-24.

的了解，再深入开展对其发展有积极效用的社区教育活动，进一步推进社区教育活动的顺利开展，切实落实高校社区教育责任。

2. 有效性原则

在高校履行社区教育责任的过程中，为了避免产生无效与低效的教育结果，高校应时刻坚持有效性原则，充分发挥自身的资源优势，带动社区教育活动顺利、圆满完成。有效性即达成预期目标及完成计划事项的程度，高校社区教育责任的践行与实现就对有效性做出了强调。

要想切实、有效实现高校社区教育，高校应量力而为，应结合自身实际能力与可提供的服务内容在能力范围之内适当承担社区教育发展责任。从能力与责任这两个角度上来看，高等院校是一个具有多样性职能的社会机构，需要承担十分繁杂多样的责任，不仅要为社会发展培养优秀人才，搞好科研工作，与其他国家开展学术技术等方面的交流，还要做好文化知识的传承，更要做好社会服务工作。仅社会服务这一项，就包含了教育服务、科学服务等多种社会服务事项。然而，高等院校具有的财力、人力以及物力都是有限的，常常无法完全满足各项活动的需要。高校有限的资源和多样性的职能决定了其自身能力的有限性，因此，高校不需要过度消耗自身来换取社会的普遍认可。故而，我们应摆脱将社区教育责任全然依靠高校支撑履行的迷思，不期待将全部的社区教育责任与社区教育发展中的所有问题全部依靠高校承担和解决。为了使高校能够更有效地履行社区教育责任，首先应对高校的能力与责任范畴有明确清晰的认知，在其能力与责任范围内有效开展社区教育。从服务内容上看，社区教育是高校社区教育责任要求的主要内容，但并不要求高校承担所有区域的社区教育责任，也不要求社区教育责任划分到所有高校身上，具体还需结合社区教育需求与高校自身的发展情况而定。社区教育责任的承担与履行是有一定范围的：一方面是区域上的范围，处于高校周边的社区是其主要面对的服务对象；另一方面是行动上的范围，高校在履行社区教育责任时无须事事亲力亲为，也不用参与全部的社区教育活动，应适当为其他社区活动组织方或参与方留出发挥空间，不仅可以使自身的责任负担有效减轻，还能使社区教育活动的有效性得到更多方面的保障。

高等院校应对自身潜能充分挖掘和合理规划。合理规划可以帮助高校对自身的责任内容与能力有更加清晰明确的认知，从而更有效地确定自身需承担和实现的社区教育责任目标。社区教育责任目标的制定不能太高也不能太低，太高会导致社区教育责任的践行效果长期低迷，对高校履行社区教育责任的主动性与积极性造成不良影响，过低则会导致高校不能充分参与到社区教育活动中，对高校专业践行社区教育责任的深度及结果造成一定的影响，由此可见，高校明确自身可承担的责任能力范围和合理规划自身资源的重要性。通过合理规划，高等院校可以对自身的人力、物力、财力等各种资源有更加合理充分的分配与使用，更好地履行高校社区教育责任。

3. 多样性原则

高等院校依托自身资源承担高校社区教育责任。不同高校的历史传承、资源优势、文化传统、办学理念、强势学科均不相同，高校在承担和履行社区教育责任时需要对自身条件做出综合考量，以多样化的内容与形式践行和实现社区教育责任。对于各所高校而言，其所承担和履行社区教育责任的内容与层次等因其各自不同的特点而不同，最终产生的结果也不同，这就是多样性原则。

多样性原则具有两个层面的含义：一方面表示的是高校需要承担类别多样性的社区教育责任。高等院校在承担社区教育责任时应做到对自身物力、人力、财力等资源有清晰的认知，审时度势，扬长避短，充分利用自身优势有效开展社区教育活动。不同高校特点、优势等均不相同，因此，各个高校承担与履行社区教育责任的内容、方式、层次等也不尽相同。例如，师范类高校可以利用自身突出的师范教育力量，以教育培训作为社区教育的切入点，将更多的人力、物力、财力等资源集中在此，为居民开展讲座、职业培训等教育活动，充分发挥自身的资源优势，将多种学科的优质讲座与培训提供给社区居民；理工科的高校可以以科技服务为着手点，充分发挥自身的学科优势，将更多的精力集中在为居民提供产学研合作、科技成果转化、科技园平台等服务上，为居民提供更加高效、便捷的生活方式；综合类高校可以凭借自身多元的学科种类为社区提供综合性、多元化的服务；专科类高校也可以充分发挥自身优势学科的作用，为社区居民提供各项服务；再如，临床医学等专业师生可以在社区中开展社区门诊，向社区居民普及科学、正确的医学知识，增强居民的健康意识；护理专业的师生可以为社区居民提供专业的保健护理、健康养生服务，引导社区居民科学养生；法律学科的师生可以向社区居民提供专业的法律咨询、法律讲堂、法律援助等专业服务，帮助社区居民提高法律素养与意识。从社区教育责任的承担层次上看，不同的高校、院系、专业等在此过程中表现出了承担这一责任内容方面的多样性，这些高校、院系、专业可以从各自不同专业优势出发，提高社区教育责任践行的有效性和专业性，为社区教育发展提供强有力的支持。另一方面表示的是高校承担的社区教育责任内容具有多样性。作为高等教育机构，高校往往兼具多种职能，在其履行社区教育责任的过程中所承担的具体内容往往会表现出多样性的特点。站在职能层面上看，高校在承担和履行社区教育责任时，不仅能为社区提供教育志愿者和如教育咨询、教育培训等服务，还能向社区居民提供一定的科技咨询服务，为社区企业提供技术顾问，推进高校与社区企业开展产学研合作，将科技成果转化、科技园平台与社区服务相结合，实现社区更好地发展，还可以向社区酌情开放体育馆、图书馆、实验室等场地，为社区居民提供相应的基础设施服务。从承担内容的层面上看，高校所承担的社区教育责任涉及内容层面甚广，包括社区的体育、德育、美育、智育等各个方面。虽然这两个层面中高校所承担的社区教育责任内容有很大不同，但两个层面的内容之间有着本质上的关联，可见高校承担社区教育责任在内容与层次上的多样性。

4.合作性原则

践行高校社区教育责任的过程复杂且漫长，因此，各大高校之间要协同合作，才能更好实现社区教育责任，仅凭一所高校是难以做到的。高校间要合理规划、科学分工、协同合作以共同推进高校社区教育责任顺利履行和实现，促进社区教育的有效发展。

首先，高校在履行社区教育责任时应与其他高校之间加强合作。高校之间建立良好的合作关系有助于多样性原则在践行社区教育责任的过程中更充分地发挥，鉴于不同高校的专业优势、特点等不同，高校之间相互合作，可以在承担社区教育责任的过程中合理规划，充分发挥各自的优势，扬长避短，同时避免承担责任的交叉与重叠，减少资源浪费，提高责任承担的有效性。我们主张处于同一区域的高校之间通力合作，做出合理的规划分工，将各自的资源优势用在刀刃上，分层次、分模块、分种类地开展社区教育活动，不仅要制订科学合理的行为方案，还要有明确清晰的院校权责划分和合理的奖惩机制，由此充分发挥各个院、校的作用与影响，充分提高践行社区教育责任的有效性，合力推进高校社区教育的快速发展。

其次，高校与社区之间相互配合，协同合作可以促进高校社区教育责任更有效地实现。社区与高校分属不同的系统组织，无论是组织模式还是组织文化，二者之间都表现出了很大的差异。仅凭自身的力量深入社区之中，有效履行社区教育，促进社区教育发展对任何一个高校而言都比较困难。社区教育的发展和社区教育责任的履行需要多个机构组织互相帮扶配合才能完成。社区教育立足于社区，不仅是对社区的教育，更是对生活在社区中各个阶层、领域、文化水平、背景等居民的教育，高校在履行这份责任时，不仅要深入了解社区教育的历史，更要从居民、社区文化、当前与未来的发展需求等多个方面有综合的认识和考虑，高校在履行社区教育责任时，应积极与社区企业、居民等沟通互动，以进一步促进社区教育合理、持续发展，同时促进高校与社区之间的协同配合，将高校社区教育责任的实现更好地嵌入到社区历史、文化及空间中，使社区居民需要与社区教育发展的需求得到更好地满足。

最后，高校要想顺利实现社区教育责任，就需要加强行政部门与校内各个学院之间的合作。高校内部的各个学院可在发展社区教育的过程中凭借自身的学科优势充分发挥自身的力量，各学院与行政部门也应有细致规划和合理明确的分工，管理与规格化工作主要由行政部门承担，而各学院则需要利用自身的专业特长，在与社区、其他院校合作的基础上为开展社区教育活动提供更多专业、优质的教育服务。在履行社区教育责任的过程中，高校各个院系、专业之间应就人员配置问题提前协商，做好分配准备，以便合理呈现社区教育内容。在践行过程中，教育培训、教育咨询以及志愿者服务主要由学术系统承担和提供；理工科师生应将为社区居民服务的重点放在产学研合作、科技园平台服务以及科技成果转化等方面；行政部门负责提供教育场地，同时与学术系统相配合，协商制定合理科学的行动方案和推进各项服务的进程，还要制定合理可行的高校社区教育责任制，使各个学院及部门之间对自身的权责内容有更加明确的了解，以有效减少和避免产生麻烦与纠纷。高校内的学术系统、各个院系、行政部门之间要相互协作，通力合作，共同推进高校社区教育活动的有效开展和社区教育责任的有效实现。

（二）高校社区教育责任实现的策略

要想实现高校社区教育责任，需要长时间的努力与坚持。高等院校应切实开展有效的社区教育活动，从自身专业优势中提炼发展的力量注入到社区教育的发展中，有效推进高校社区教育责任的切实贯彻和实现。在具体的践行路径方面，高校应基于本职工作合理拓展，从人才培养、科学研究和社会服务三个方面具体实施，也就是说，可以从教育服务、科技服务及场地共享三大方面推进高校社区教育责任的有效实现。

1. 教育服务的提供

人才培养工作是高校本职工作的核心内容，高校自创建之初就具备了培养高质量人才的职能。高校在实际履行社区教育责任的过程中，最关键的就是发挥其人才培养上的优势，向社区教育发展提供人才培养相关的教育服务。

（1）社区培训服务。高校拥有思维程度较深、专业知识渊博、专业素养水平较高的学者及教师团队，较高的高等教育教学能力与教育质量水平是其他社会机构无法相比的。高校不仅掌握着深层次、专业化的理论基础，还掌握着先进科学、系统有效的教学方法，他们对教育教学的心理内涵有深刻的理解，在教学上具有因势利导、因材施教的意识与能力，高校在教育培训方面所拥有的丰富资源是其他社会机构无法与之相提并论的。

高等院校可以为社区教育提供具有应用型作用的技能类培训，向下岗及在职居民开展专业化、有针对性的技能训练与教育培训，帮助社区居民提高自身择业水平与就业能力，拓宽居民再就业的选择空间，向社区居民提供创新创业等有效途径；高校也可以提供人文社科方面的教育培训服务，主要用以提高社区居民的生活质量、文化素养、社区归属感、幸福感及职业生涯规划意识等。本书认为，讲座是一种重要的培训方式，高校可以在调查社区需求的基础上，围绕环保、管理、职业资格认证、人文、外语学习、中小学教育、养生、计算机等话题开展教育讲座，向社区居民提供多层面、多角度的培训，全面推进高校社区教育责任的顺利实现。此举于高校教师而言，也在一定程度上实现了研究的自下而上模式的践行，深入社区教育的实践，为发掘新的研究课题提供了可能。

（2）社区咨询服务。咨询指的是人们就某些领域的专业性问题向该领域中的专业人士寻求解惑或帮助的活动。咨询时，专业人士需就提问者的问题，将自身储备的专业知识与经验梳理整合，为其解惑或提出建设性意见。高校学者、教师都具备较高的专业知识水平，对自己所处专业领域中的技术和学术知识均有较为深刻的见解，因此，在高校履行社区教育责任时，高校学者、教师作为承担咨询服务人员最为合适。

高校教师可凭借自身较高水平的知识素养为社区居民提供管理咨询服务、心理咨询服务、顾问咨询服务以及战略咨询服务。管理咨询服务指的是与社区管理人员交往较为密切的高校人员在深入了解社区各个部门后，利用科学手段找出社区管理方面潜藏的问题，再经分析后提出有针对性的建议的服务活动。管理咨询的内容主要有家校合作管理、社区教育管理、青少年校外教育管理等。心理咨询服务指的是高校心理学专业教授或学者结合心理学的理论、方法等帮助社区居民改变原有不好的行为习惯或认知结构，达到改善居民生活质量、提高居民生活幸福感的服务。美国德里克·博克指出："一组阅读专家可以帮助当地学校儿童克服学习障碍；一名精神心理咨询专家可以为本地段的家庭提供有益的帮助。"[1] 顾问咨询服务指高校围绕社区教育难题和社区教育发展技术问题向社区提供的有针对性的诊断和帮助，如基本的教育顾问咨询及技术顾问咨询。战略咨询服务指高校围绕建设学习型社区、发展社区教育以及青少年校外教育等多个方面向社区居民提供的探索性与政策性咨询服务，高校提出的远见性、建设性意见应具有提高社区社会适应能力的作用。

（3）志愿者服务。在参与践行高校社区教育责任的人员中，高校学生发挥的作用不容忽视。社区教育活动在社区居民间的全面开展需要大量的人力，而具备一定专业能力与知识素养的高校学生时间相对充裕，人数也较多，能够在其中发挥重要作用。高校学生通常以志愿者的身份，在履行社区教育过程中向社区居民提供志愿者服务。

① 博克.走出象牙塔：现代高校的社会责任[M].徐小洲，徐军，译.杭州：浙江教育出版社，2001：270.

①课外辅导与家教服务。在参与社区教育活动过程中，高校学生可以为社区居民提供课外辅导与家教服务，为社区青少年提供家庭教育服务，利用高校学生的闲暇时间，不仅能为高校开展社区教育的校外教育活动提供有力帮助，还能丰富高校学生社会实践经验，提高其社会实践能力。高校充分发挥在校学生的作用为社区提供课外辅导与家教服务能使社区教育中校外教育与青少年家庭教育两个方面的压力得到有效缓解，使社区校外教育中心与青少年德育中心承担社区教育责任的范围进一步扩大。

②双关服务。尊老爱幼是中华民族的传统美德。高校可以与社区居民相互协商，在一定范围内承担陪伴、照顾社区老人的义务，利用大学生的闲暇时间，为社区老人、儿童提供健康关照、读书读报、交流陪伴、护理看护等深入居民家庭之中的义务服务，使社区中的老年人获得更高的幸福感。在义务服务的过程中，大学生的思想、社会经历、生活阅历等将得到进一步丰富。"关心下一代，关爱老一辈"① 的双向价值互动也将在此过程中切实实现。

③专业服务。高校中的一些院系专业教师可以带领学生立足于本专业为社区居民提供相应的特色服务。例如，法学院的师生可以向社区居民提供专业的法律咨询及法律援助服务，可以开展社区法律讲堂、普法讲座等提高社区居民的法律素养；医学专业师生可以为社区居民提供一些便捷的义诊服务，开展医学知识讲座，为社区居民普及医学常识；护理学专业的师生可以向社区居民提供初级保健护理服务。在社区服务的过程中，高校能有效提高社区居民在权益保护、医疗健康、保健养生等方面的意识，实现社区教育责任。

高校社区教育责任的履行不仅为社区教育的发展提供了支持，还提高了社区居民的生活质量，对和谐社区的构建有积极的影响。与此同时，学生在社区服务的过程中巩固和提升了自身的专业能力，获得了丰富的社会实践经验。

2. 科技服务的提供

在科学研究资源方面，高校具有极大的优势，可以说高校的科研生

---

① 山西大学"双关"服务协会以"关心下一代，关爱老一辈"为其工作理念，其志愿者工作证上写道："有一种养生之道叫关心下一代，有一种成长经历叫关爱老一辈"。

产能力与科学研究力量比任何社会机构都要强大很多。高校的科学研究、人才培养、社会服务等职能决定了其要承担相对重大的社区教育责任。在履行社区教育责任的过程中，高校不仅要提供教育服务，还应提供一定的科学技术服务，主要有产学研合作、科技成果转化与科技园平台的提供这三种方式的服务。

（1）产学研合作。产学研合作指高校研究所、企业之间相互协同合作。由高校研究所提供研究技术与人力资源，为企业解决生产技术上的问题，帮助企业实现技术的改进与革新。高校在与企业联合开展科学研究时，应立足于建设和发展服务区域，从提高社区经济、提供技术服务等方面为社区的建设与发展提供有效的帮助与支持，助力建设强大的社区服务发展网络。

首先，高校可以联合社区内的大型企业建立战略联盟，达成多方面合作，如科学研究、人才培养、基地建设等，尤其在培养创新人才与技术研发方面加强校企合作。其次，高校可以自身优势学科为依托，联合社区内企业，共同建立研发机构，由合作企业提供部分研发资金，提出研究课题和开发研究平台，研究团队由双方共同组建，共同研发和推广应用前沿技术。再次，高校应与社区内的中小企业加强合作，推进科技成果的研发和应用。中小企业虽然具有较强的创造力和科研活力，但其在科技创新能力与资源方面略有不足。高校可以先对校内优质学科资源进行整合，与中小企业联合打造可靠的技术研发平台，在市场机制的引导下，在传统技术转让模式的基础上实现进一步的突破，向社区中小企业提供优质的资源服务与技术创新服务。最后，专利是产学研合作的重要成果体现，高校与企业应在专利的申请、授权、使用与转让方面建立健全的体系，以健全的专利使用体系推动高校对知识、科技等进一步的挖掘，激励高校教师在科研所、实验室中不断开展科学研究，创造更大的科研价值。这样不仅能有效加快理论知识到实用型成果的转化速度，还能够为高校增加一定的科研收入和经费。

（2）科技成果转化。高校可以通过组织或鼓励自家研究人员创办和运营企业，与企业开展合作，交流技术、经验，构建网络交流平台的方式实现科技成果的直接转化；高校还可以借助各类中介机构间接转化科技成果，这些中介机构主要包括科技咨询公司、专门机构以及高校内部的科技成果转化机构等。经转化后的科技成果在高校、相关部门与企业的协同合作下被应用于社区建设和发展中，极大地提高了社区经济、教育的发展水平和居民的生活水平，使社区居民的生活得到了改善。高校的最新成果与科研思想也随之被带入到社区教育发展之中，用于高校与社区部门联合研发新的仪器设备、研究方法和为学生提供就业帮助等，还有助于进一步解决社区发展过程与社区教育责任实现过程中的问题，促进基础研究水平的提升。

（3）科技园平台的提供。科技园具有支撑高校科技成果转化的重要功能，是服务地方经济社会发展与创新创业的重要平台。科技园是依托高智力密集区与政府在政策方面提供的扶持优惠建立的，在践行高校社区教育责任的过程中，可以为社区居民提供优质的教育培训活动，为社区居民提供获取创新创业理念知识和提高创新创业能力的机会、适宜的学习场所及实训实践基地。[①] 大学科技园在与社区达成友好协商合作的基础上，可以联合开展创新创业形势分析与政策解读讲座、创新创业大赛、参观科技园企业等活动，以国家大学科技园的带动作用充分推进社区教育深入、持续地发展。

大学科技园提供的科学技术服务不仅能加快社区建设，改善社区生活环境，还能为社区居民提供更多参与社区教育活动的机会，同时使社区居民的生活更加便利，极大提高了居民的生活水平。从某种角度上看，居民的生活方式及状态的改变与高校社区责任的不断实现有密切的关系，人们的生活质量水平因大学科技园提供的各项社区教育服务与科技服务得到了极大的提升，这是科技改变人类思维方式、改变人类生活方式及行为方式的切实体现。"互联网＋"的例子就十分典型，在互联网的强大功能影响下，社区居民拥有了更加便捷的生活方式和更高水平的生活质量，很多下岗居民也通过"互联网＋"寻找到了新的职业，社区居民生活的幸福感得到了整体层面的提高，由此可见，在实现社区教育责任的过程中科学技术的重要作用。

3.教育场地的提供

高校不仅具备丰富、庞大的教育教学资源，还拥有完善的设施设备，其实验室、科研所、体育馆等场所设施齐全。在承担和实现社区教育责

---

① 黄亲国.中国大学科技园发展研究[M].南昌：江西人民出版社，2006：14.

任的过程中，高校不仅需要付出人力、物力以及财力，常常还会为社区教育活动提供部分场地资源，以自身强大深厚的底蕴感染和熏陶社区居民，推进社区教育活动顺利展开。

高校依据自身教育场地资源的使用情况，适当向社区开放实验室、体育馆、图书馆等教育场所。高校实验室可以向社区中小学生适当开放，在专业实验导师的引导下，众多社区中小学生亲身体验科研过程，感受科学的魅力，目睹科学家、研究员的风采，形成浓厚的科学探索兴趣；向社区居民适当开放高校体育馆，有助于社区居民了解和学习专业的运动知识，学习专业的体育技能，获得更好的休闲娱乐、强身健体的效果；高校图书馆收集了大量的书籍文字资料，向社区居民适当开放图书馆，允许居民借阅图书资料阅读学习，不仅能够开阔社区居民的视野，陶冶其情操，还能大大丰富居民的专业知识，提高居民素质。

教育场地的开放为社区教育活动的开展提供了极大的便利，但使用过程中开放程度、开放时间、开放场所等的确定均要以不影响高校的教学、科研为基本原则。此外，相关场地使用过程中的维护与修缮问题也需要引起高校的注意。

第二节　高校社区教育资源开发的类型

开发高校社区教育资源的过程实质上就是在开展社区教育活动，履行社区教育责任的过程中，高校教育资源从未被利用或低效率利用发展到高效利用的过程。高校社区教育资源的开发有两个层面的含义：一方面指社区教育资源数量的增长，为了推进社区教育责任的顺利实现，高校需要向社区开放部分原本未被开放的教育资源，用以开展社区教育活动。例如，高校原本仅向本校师生开放图书馆，社区居民无法进入其中借阅书籍，如果高校图书馆适当对社区居民有偿开放，不仅能增加对社区教育的资源投入，还能提高图书馆资源利用的效率。另一方面提高社区教育活动利用高校教育资源的效率。目前，有很多高校非常支持本校学生积极参与社区教育志愿活动，甚至部分高校以加分政策对这一行为表示鼓励，但却没有切实考核学生参与志愿活动的效果。在开发高校社区教育资源的过程中，应将如何有效提高高校教育资源的利用率作为一项重点关注内容。

高校教育资源种类多样、内容丰富，其中有哪些资源易于开发？哪些资源难以开发？这都是需要我们认真思考的问题。王雷教授根据构成社区教育资源的各类要素将高校社区教育资源分成了六大类，并按照开发的难易程度，由易到难做出了以下排序：人力、物力、信息、组织、财力、文化资源。[①] 这些教育资源中既包含了用于开展社区教育活动、实现社区教育责任的资源，还有未向社区开放的、潜在的高校社区教育资源。

一、高校的人力资源

教育是以人为核心的活动，其本质是培养人，脱离了人这一主体，教育的意义与价值将不复存在。对高等教育而言，人力资源是最具革命性、最活跃的资源，人力资源的影响可以体现在高校教育的方方面面。高校人力资源指的是附着在高校的人力资本总和，也指高校可支配的相关人口，如后勤管理人员、教师、行政人员、学生等，这些人员在教学中拥有着不同的身份，以此为依据可将人力资源划分为具有引导学习与传授知识作用的教师资源、具有学习性质的学生资源、具有管理和行政辅助作用的管理者资源三类，在社区教育发展的过程中，这三类人力资源发挥着不可替代的作用。

（一）教师资源

在深入了解我国社区实践活动后不难发现，鉴于社会的快速发展与社区居民提高生活水平的迫切需要，我国社区师资队伍的组建迫切需要更多高素质人员的参与，团队建设整体水平急需进一步提高。在当今知识化、信息化的时代中，教师的身份发生了很大的转变，他们从原本的知识传授者转变为日益专业化的教育事业工作者，但自始至终不变的是教师仍具备着较强的创新能力与渊博的知识。高校教师知自然科学，懂人文社科，了解艺术、体育，具备探索、思考的能力与习惯，是高校中发展和创新知识的中坚力量。高校教师资源可以分成研究型与教学型两

---

① 王雷. 社会教育概论 [M]. 北京：光明日报出版社，2007：85.

种，大部分教师同时具备科研与教学这两种能力。高水平、高素质高校教师社区师资队伍的组建能使社区师资力量不足的问题得到很好解决：一方面，教师可以充分发挥自身在学科专业理论方面的优势，在践行社区教育责任的过程中向社区居民提供更加专业的理论指导；另一方面，教师以自身深厚的专业素养与专业的科学理论为引导，帮助社区居民开阔视野，提高社区居民的思考能力。

（二）学生资源

我国社区教育工作者团队目前主要分为专职、兼职与志愿者三类队伍。目前，我国社区教育工作的开展急需大量社区教育工作者参与，志愿者队伍的组建与加入对开展社区教育活动和发展社区教育具有重要作用。志愿者队伍主要由大学生组建而成。经过初等教育与中等教育的培养后，大学生逐步具备了较为完备的控制能力与相对成熟的心理状态，具备了一定的社会责任感、独立性、创新性与专业知识，无论是在知识层面，还是技能方面，大学生都能够为社区教育活动的开展与社区教育事业的发展提供强大的智力与劳力支持。

国内外高校对于大学生参与社区志愿活动都表现出了重视。很多国家在招聘、培训以及使用义工方面已经形成了一套成熟的程序化体系。在北美地区，几乎全部大学生都有参与社区志愿服务的经历，如果没有这个经历将会影响到就业。随着我国大学社区教育工作的开展，对大学生参与社区志愿服务活动的情况也逐渐重视起来，很多高校甚至将大学生参与社区服务的情况作为评定奖学金时的加分项，拥有社区服务经历甚至成为社团、企业等组织招聘面试时的优势条件。大学生参与社区服务已然是大势所趋，不仅能使社区教育人力资源不足的问题得到很好的解决，还能增加大学生社会实践经验，推动大学生社会化进程。

（三）管理者资源

管理者资源相较于教师资源和学生资源而言是开发利用程度最低的一类资源，但也是推动社区教育活动开展的有力资源之一。在我国，高校的管理人员一般具有丰富的知识、严谨的工作态度、良好的语言表达能力、高效的执行决策能力和较强的组织协调能力。同时，他们对于高校的一些重要事情（如制度的制定与更改）具有决定权。将高校的管理者资源开发出来用于推动社区教育发展中，对于社区和高校的发展都是有利的。我国高校社区教育责任的践行与社区教育活动的开展离不开高校管理者的配合与支持，充分发挥管理者资源发展社区与高校之间的关系，有助于迅速提高我国社区教育活动的质量。

二、高校的物力资源

物力资源是高校教育资源的重要构成要素之一。高校要实现三大职能（人才培养、科学研究和社会服务）离不开设备、图书、场地等物力资源的支持。高校的物力资源是指高校中以实物形态存在的相关资源的总称，按照它们主要用途的不同，可将其分为教学设施、图书资源以及活动场所三类，这些物力资源都可用于开展社区教育活动。[①]

（一）教学设施

社区教育是一种面向全民的教育活动，具有多元化、多类型的教育形态，其教育服务内容主要包括为社区老人提供娱乐消遣、义务帮助服务，为社区在职人员提供职业知识技能强化培训服务，为社区失业居民提供再就业培训和为社区中小学生提供校外教育、法制教育、安全教育等教育培训。各类社区教育活动的开展不仅需要高校提供大量的人力资源，还需要高校投入大量的教学设施设备及一定的教育场地资源。与社区教育设施相比，高校的教学设备在数量、技术、种类等方面更具优势，各类软、硬件设备配置更加全面，为社区教育提供更加先进的设施设备基础。高校使用闲置的教学设施设备开展社区教育活动，不仅能解决社区教育设施不足的问题，还能提高高校教学设备资源的利用率。

（二）图书资源

书籍不仅是人类发展进步的阶梯，也为社会的发展提供了强大的支持。阅读书籍可以积累知识，提升素质。高校作为传道授业解惑的高等

---

① 岳建军.高等学校教育资源共享问题研究[D].大连：辽宁师范高校，2012.

教育场所，拥有大量普通图书与专业书籍，可以使不同社区居民的不同需求得到满足。

（三）活动场所

高校有较完善的活动场所，如教学楼、图书馆、体育馆、音乐厅、多功能厅、会议厅等。如果能将这些活动场所高效地用于推动社区教育发展中，对于丰富社区成员的业余生活以及解决社区教育场地短缺的问题有很大帮助。

三、高校的信息资源

随着社会信息化发展程度的逐渐加深，信息资源在一众资源要素中的重要性日益凸显。在信息传播方面，高校具有重要作用：首先会对有用的信息进行筛选、加工；其次通过教育手段将处理好的信息转化为受教育者的内在能力，将受教育者培养成建设和发展社会所需的人才。为完成培养人才的重要使命，高校必须拥有庞大、丰富的信息资源。根据信息载体的不同，可将高校信息资源划分为四类：文献信息资源、课程信息资源、网络信息资源以及人载信息资源。

（一）文献信息资源

查尔斯·威廉曾打过这样一个比喻："如果教师是大学的头脑，那么图书馆就是它的心脏，而文献信息资源就是整个图书馆的心脏。"[①] 由此可见，文献信息资源与图书馆之间具有非常密切的关系。高校图书馆作为高校的文献信息中心，有着庞大的文献信息资源，产生大量的信息流，具有较高的共享价值。高校图书馆可以采取以下具体措施：一是利用人才流与知识流吸引高智商群体推进社区的建设与发展；二是利用信息流将重要的信息传递给社区居民，保持社区资讯的及时更新；三是利用人才流开展市场调研，为高校进行相关研究提供资料。

---

① 徐红云, 傅湘豫. 信息视角背景下图书馆员转型和发展 [J]. 现代商贸工业,2016(3)：93-94.

（二）课程信息资源

课程不仅是文化与知识传递的重要途径，还是高校一切教学活动和科研活动开展的基础。在开展社区教育活动的过程中使用课程信息资源，可以有效增强社区居民的学习能力、时间管理能力和提高社区居民的综合素质。国外在课程信息资源的共享方面有着非常丰富的实践经验，如兴起于国外的大型开放式网络课程可满足学习者随时随地获取优质教育资源的需要，极大地推动了社区教育的发展。国外高校不仅会为社区居民提供线上的共享课程信息，还会提供线下课程。例如，宾夕法尼亚大学建立了社区合作中心，研发与社区教育发展密切相关的课程就是该机构的一项重要工作，目前该中心开设的服务学习课程已从最初的 11 门发展到了 90 多门，其中包括职业规划类、家居咨询类、企业发展类等课程。我国高校开设的课程大多以现有专业为依据，具有较强的理论性，需增加一些与社会发展需求密切相关的特色课程。

（三）网络信息资源

在当今信息时代，发展的主导权总是在优先掌握信息一方的手中。网络现已成为一种重要的信息传播载体，各类智能电子产品如智能手机、平板、电脑等都可以作为信息传播工具，为社区居民提供各类网络信息资源。社区居民利用电子产品可以随时随地了解发生在世界各地的事件，能有效避免与社会发展"脱轨"。高校具有丰富的网络信息资源，可以以自身网络优势为助力，帮助社区搭建可靠的网络信息平台，开辟社区教育专栏，推进社区信息化建设，为社区教育网络的建设与发展提供技术指导。

（四）人载信息资源

人载信息资源指以人体为载体进行传播的信息资源，这类资源可根据承载媒介的不同分为两类：体语信息资源和口语信息资源。高校管理人员、教师与学生拥有较先进的思想理念，在日益深入的交流互动中不断增加获取信息的渠道，使得他们的视野日益开阔，无论是气质品行，还是言语谈吐，都属于高素质人群。这些高校成员不仅推动了社区教育的发展，在闲暇之余又会回归到社区生活之中，与其他社区居民共同参与社区活动，在此过程中通过亲身示范或口耳相传的方式以自身的价值理念影响他人。所以说人载信息资源的开发和应用是推动社区教育有效发展的有效手段。

四、高校的组织资源

高校成员以自身生产生活需要为依据创建的各类团体就是高校的组织资源。高校组织资源包含高校的人力、财力、信息、文化、物力等资源，属于一种综合性资源。以结构化程度的高低为依据，可以将高校组织资源划分成两类：结构化组织与非结构化组织。结构化组织指大学内部具有严格规范制度的各类学校部门或组织，如董事会、教务处、学术委员会等；非结构化组织往往是高校成员围绕兴趣、专业等自发组织成立的各类松散团体，如各类协会、社团等。本书以高校管理部门资源对应结构化组织，以高校团体资源对应非结构化组织展开以下研究。

（一）高校管理部门资源

高校主要由教学、科研、训育、管理等活动构成。管理作为重要的活动之一，由专门的管理部门承担。国外高校专门设置有主管外部关系协调的机构，如哈佛高校联邦关系办公室、加州高校伯克利分校社区关系办公室、麻省理工学院政府与社区关系办公室、耶鲁高校公共事务办公室等，还有一些高校设有社区服务中心。如果我国高校也能设立这类专门机构，并且使之通过各个方面为社区提供人力、物力、资金、文献等方面的支持，协助社区开展各种教育活动，那将会大大提高社区教育的发展与全社会成员素质。

（二）高校团体资源

高校社团种类丰富，形式多样，大多由高校生依据兴趣爱好自发组织成立。高校社团中有很多社团具有服务性质，如爱心社、科技服务队、支教团、志愿者团队等，这些社团组织与当地社区之间有着密切的联系。虽然高校社团不像管理部门一样具有管理权限，但这些具有公益性质的社团能够在高校生参与社区志愿服务的过程中充分调动高校生的使命感和责任感，为社区教育发展贡献一份力量。北京高校有着十分丰富的团体资源，设置齐全，种类丰富，主要分为八大类：文化艺术类、合作交流类、学术科创类、体育健身类、政治理论类、地域文化类、实践促进类、公益志愿类，其中的实践促进类、公益志愿类和地域文化类都与当地社区教育之间有着密切的关联。如果这些高校团体资源能够在社区教育发展中充分发挥出来，将成为社区教育发展的一大助力。

五、高校的财力资源

社区教育活动的开展离不开资金的支持，但仅凭政府的投入并不够。为提高社区教育资金可用额度，拓展资金来源，政府、社会和高校应通力合作，共同努力，积极开拓筹资渠道。虽然在社区教育活动的开展方面，高校为此提供了重要支持，但对于我国高校教育而言，财力资源同样属于较为稀缺的资源，因此，在高校教育需要未能完全满足的情况下，难以用高校财力资源对社区教育发展起到明显的支撑作用。随着高校科研成果转化能力与创新创造能力的提高，适当利用高校财力资源扶持发展社区教育有望成为现实，但就目前来看，财力资源开发的条件还未完全成熟。高校可以与政府、社会企业进一步开展合作，获取更加充盈的财力资源，进而早日实现对社区教育发展的资金扶持。

六、高校的文化资源

文化资源是高校资源的灵魂与核心，是它至关重要的组成部分。无论是高校的存在与发展，还是人才的培养与壮大都需要文化资源的支撑，高校失去了文化，就是丢失了存在的价值与意义。高校中的理念、精神、氛围、情感、认知等都是高校发展重要的文化资源。相对于高楼大厦、人财物等看得见、摸得着的有形教育资源而言，文化资源虽然无法用实体去衡量与评判，但其所发挥的影响与价值却是长远而持久的。高校的文化资源主要是指推动活动开展与规定活动发展方向的科技知识、制度安排、价值观念、校园氛围以及高校精神等，按照构成要素可将其分为物质文化、精神文化、制度文化以及活动文化四类。

（一）物质文化

高校物质文化指的是高校内部各类无声、有形的教学硬件、视听设施、文化景观以及教学课程等具有的文化意义，主要表现为景观设计、专业教室、课程设计、办公用品、资料图书、校内建筑、师生服饰以及雕塑壁画等事物所传递的独特的文化内涵。各具风格的建筑、合理的布局、特色鲜明的高校将公共场所、先进的设备设施等的设计与校园的办学理念相结合，体现出浓厚的校园文化特质，这种文化特质与高校教学行为与教学理念相呼应，能够对高校成员以及社区居民的文化气质、道德素养等产生潜移默化的影响，时刻熏陶、影响着社区居民。

（二）精神文化

在高校的各类文化中，精神文化是最核心的内容。精神文化主要包括高校师生达成共识的道德准则、思想观念、价值体系和高校的历史传统，能够通过高校的办学理念、校风校训、校史等体现出来。高校精神文化资源具有创造性、开放性和先进性的特点，对周边社区地域文化的建设和发展的影响不容忽视，对社区乃至整个社会的发展都具有一定的推动作用。以江苏省南京市鼓楼区为例，鼓楼区是一处精神文化资源密集区，集聚着南京大学、河海大学以及南京师范大学等九所高等教育院校，鼓楼区对其精神文化优势进行了深入的发掘和利用，对南京市甚至整个江苏省的繁荣发展起到了巨大的作用，成为省内外多个城市建设的榜样，更成为南京市的示范亮点。由此可见，精神文化力量具有的巨大影响力与影响范围值得高度重视。

（三）制度文化

高校的制度文化是指高校在日常管理中所遵循的法规文件、规章制度以及其所体现的价值取向，主要体现在章程、制度、政策以及法规中。科学、合理的制度能够规范高校与社区教育的权力边界，使之更具规范力、凝聚力和执行力。目前，我国多数高校已制定了发展章程，并且在章程中专门规定了学校与社会的关系。例如，中国人民大学章程的第七章第六十、六十一、六十二与六十三条规定：学校应利用办学条件与自身优势服务社会；通过现代化教育手段与多样化办学机制，开展高等学历教育、非学历高等教育以及培训，为社会提供教育服务；应加强与所在社区的合作，力所能及地为其提供服务；应根据自身能力，积极开展面向贫困地区的对口支援活动。

（四）活动文化

活动文化指高校师生开展的各项活动所凝聚的文化意义。高校活动文化主要有以下类型：人文素质类、文艺体育类、职业规划类、科学研究类、技能竞赛类、文明创建类等，科学研究类是其中重要的活动之一。科学研究类指科研产生的成果或产品对社区经济、文化方面的发展都具有重要影响。高校应充分利用自身的科研资源与力量，加强社区教育发展方面的理论研究工作，深入探讨"怎样实现高校与社区的融合互动""怎样解决社区教育发展过程中的主要问题"等问题，促进高校充分发挥操作性与能动性，推动社区教育进一步发展，同时加快科研成果的转化，以科研产品提高社区居民的生活质量水平。

第三节　高校教育与社区教育的融合分析

高校教育和社区教育的融合是我国构建服务全民终身学习的教育体系的政策要求，也是我国推进高等教育普及化的应有之义，更是我国社区教育转型发展的必然趋势。教育系统内部要素和现实环境是影响高校教育和社区教育融合的主要原因，基于此，本书认为高校教育和社区教育的融合需从以下方面努力。

一、统一设计高校教育和社区教育的基本内容

高校教育和社区教育在融合过程中一个非常关键的因素是高校教育和社区教育内容的衔接。高校教育和社区教育的"知识之间没有十分明显的界限，在一定条件下可能与另一种知识发生反应，产生共振，生成新的知识"。[1]

---

① 王琪. 终身教育体系的衔接问题研究 [M]. 厦门：厦门大学出版社，2014：139.

从内容上看，高校教育与社区教育各有不同但又彼此相关，本节对二者的基本内容进行统一设计。高校教育属于学校教育系统，而社区教育属于社会教育系统，两类教育形态均无法用阶段或学年对其教育内容进行划分。从本质上看，两种教育形态的目的都是满足人们的谋生需求，这与职业息息相关。在多样化职业发展需求的影响下，高校教育开设了多种专业，社区教育也为各类职业的发展准备了专门的培训。为了满足全民职业发展的需求，高校教育与社区教育组织安排的教育内容必然会重叠，这就需要站在理论与实践两个层面进行统一设计。高校教育以生产和传授高深的知识为重点，而社区教育则对培养和训练实用技能十分重视，由此可以将二者进行结合，将二者的侧重点，也就是理论知识的传授与实用技能的训练相结合，使学习者从理论知识到实用技能全面发展。在完成高校教育的专业课程教育后，通过社区教育的岗位技能培训得到锻炼。此外，两种教育形态因所处地区的差异还存在一定的地方特色，在进行统一设计时可以利用这一点从特色教育内容上着手进行更好地衔接设计。

二、构建"资源整合，双向开放"的资源共享体系

从教育运行和发展的角度来看，没有资源，教育是不可能发展的，而从经济学意义上看，资源是相对有限、稀缺的，因而高校教育和社区教育的融合需要合理利用资源，构建资源整合、双向开放的资源共享体系。

（一）共享人力资源

高校教育和社区教育中有着丰富的人力资源，如第五章所述人力资源分为教育者资源和管理者资源。

在教育者资源上，高校教师具有较高的专业素养和较强的教学能力。目前来看，"高校教师进社区"的现象已十分常见。例如，天津医科高校教职工在退休后多次深入当地社区，为社区居民提供微党课教育服务。未来，我国高校会与社区之间有一定程度的合作交流，且会形成常态化趋势，对此，教育者资源共享体系的构建就显得非常有必要。在构建教育者资源共享体系时，应纳入有道德、有权威、知识水平高的高校教师，

并定期组织开展社区教育服务活动。活动主要分为两类：一是名人讲堂，即邀请一些专家来社区开展讲座，主题由专家自定，以丰富的知识为社区居民开阔视野；二是主题研讨，即邀请一些专家学者前来社区，围绕预先设定好的主题如青年职业生涯规划、家庭教育智慧、儿童心理健康与发展、老年生活质量提升等开展公开研讨活动，或者结合社区居民的需求设定特定主题开展研讨活动。教育者资源不仅包括高校教师，还包括企事业单位的高层领导、党政机关干部等。高校与社区还可以邀请这些社会实践经验丰富的干部领导定期开展教育活动，向在校大学生与社区居民普及党的文化、知识、先进个人或集体的事迹、最新政策等，使大学生与社区居民对党有更深刻的了解，提高其党性与觉悟；邀请企事业单位的领导来介绍用人单位对就职员工的基本要求，在择业就业方面为大学生提供理性指导，帮助社区居民制定合理的职业规划。

在管理者资源上，党政机关、教育行政部门、高校、社区以及企事业单位的管理者是管理者资源的主要组成部分，高校应充分利用各类管理者资源，构建合理科学的管理者资源共享体系，尤其将这些单位机构的高层管理者考虑在内，就教育发展的重要决策定期开展交流活动，保障产学研合作的持续进行，巩固合作成果。高校教育与社区教育都是促进个体发展、推动社会进步的教育活动，管理者有权详细了解高校与社区的教育发展情况，有权就教育管理与机构管理发表相关建议和意见。高校与社区应重视各个部门机构管理者对于开展社区教育活动的重要作用，在充分考虑这些管理者的建议与意见后再进行合理的教育决策。

（二）共享物力资源

高校与社区在教育方面有很多物力资源是可以共享的，如在前面提到的教育场所资源、教学设施资源、图书资源等。共享这些物力资源能有效减少资源闲置浪费的情况发生，提高资源的利用率，减少资源的重复建设。为了实现对有限物力资源更充分的利用，本书构建了科学的物力资源共享体系，对物力资源进行合理调配。

从教学设施资源的角度出发，可以看出高校拥有的教育教学设施资源较社区更加充分，这些资源主要有数字化机房、文体器材、多媒体设备、实验室设备等。这些设施设备为高校教育教学工作的开展提供了强大的物质基础。在使用这些资源时，高校应与社区制订细致的计划与合同，对社区使用的时间与费用做出明确规定。例如，因为周一到周五是教学日，高校的教育教学场所、设施设备资源在此期间不对外开放；周六与周日是休息日，高校的教学设施可在这一期间向社区居民有偿开放。

在共享教育资源方面，目前我国已有一些省市积累了成功的实践经验。例如杭州师范大学将自身的教学场所、体育场所及其他文体设施免费向当地太炎社区开放，每年还邀请太炎社区的中小学生参观校史馆，浏览校园，参观章太炎故居。杭州师范大学为了构建科研共同体促使教师专业得到更好地发展和提升，还与太炎中学签订了相关协议。协议规定杭州师范大学与太炎社区相互合作，由前者为后者提供丰富的教育资源，后者为前者提供学习实践平台，与教师的教学调研活动和师生间的课题研究活动相互配合，后者的文化遗址免费向该校大学生开放。

（三）共享信息文化资源

高校与社区在教育方面可共享的资源还有前面提过的信息文化资源，包括网络信息、实物信息、人载信息、物质文化、活动文化、精神文化、制度文化等。信息文化资源具有开放、分散的特点，在利用时需要人们收集和整理。

2010年，国务院发布的《国家中长期教育改革和发展规划纲要（2010—2020年）》明确提出："大力发展现代远程教育，建设以卫星、电视和互联网等为载体的远程开放继续教育及公共服务平台。"这要求我们在促进高校教育和社区教育信息文化资源的共享方面，鼓励高校和社区中的相关工作人员、大学生和普通居民认识和了解这些隐性资源，开发利用好网络教育资源，培养善于发现和利用这些资源的敏锐力和洞察力，为高校教育和社区教育的融合发展出谋划策。

（四）打造高校与社区一体化的专业师资队伍

教师队伍不仅包括高校与社区现有教师资源，还包括组建形成的终身教育教师资源。为高校教育与社区发展打造一体化、高水平的专业师资队伍需要注意以下几个方面：一是有效提高高校与社区成员之间协同合作、互助互动的意识与能力；二是鼓励高校教师积极开展社区教育活动；三是鼓励社会精英为高校学生开展讲座、职业教育活动等；四是开展终身教师资格考核认定。

1. 提升双方成员互助意识和能力

高校成员与社区居民互助意识与能力的形成为高校教育与社区教育的师资流动创造了基础，这里的互助意识即高校师生与社区居民应有的志愿服务精神。高校教师通常是由社区高薪聘请到社区中开展教育培训讲学活动的，高校也会有偿聘请社区中的行业精英前来高校开展演讲。高校与社区之间依靠着短期的利益基础来维持互助关系，这种合作形式不利于双方长期持续的有效合作。高校应与社区协商互助，以宣传教育的方式使高校教师与行业精英快速提高与对方教育互助的意识，并将以上教育实践的效果纳入岗位绩效的核算中，鼓励高校师生与社区居民相互配合，共同开展具有互动性的教育活动。

高校和社区成员的互助能力也是影响教师队伍一体化建设的重要因素。高校和社区可以通过专业化的教师素养、教育教学培训、实践锻炼等方式逐渐提升双方成员的互助能力。

2. 开展终身教育教师资格考核认定

除利用现有的教师资源之外，我们还需要建设一批终身教育教师队伍。我国终身教育教师的职责主要为开发、分析、执行、评价终身教育课程、终身教育基本理论知识教学、终身教育政策决策建言等。从考核认定级别上看，终身教育教师又分为初级、中级、高级三个级别。初级终身教育教师资格认定要求相应教师具有本科及以上的学历和满两年的终身教育业务处理经验，还要求教师修满初级资格课程；中级终身教育教师资格认定要求教师具备硕士研究生及以上学历，具备满五年的终身教育业务实践经验，还要将中级资格课程修满；高级终身教育教师资格认定要求教师具备博士研究生学历，具备满七年的终身教育业务实践经验，并将高级资格课程修满。终身教育课程可分为两类：必修课程与选修课程，前者的内容主要有终身教育方法论、基础论、课程论、经营论和四周的终身教育实践；后者的内容主要有教育艺术学、咨询心理学、远程教育论、教育社会学、职业教育学等方法类课程。此类课程的设置需要结合社区中受教育居民的不同层次与不同年龄来进行，如为老年人群体提供老年教育论课程，为青少年群体提供青少年教育论课程，为儿童群体提供儿童教育论课程，为特殊人群提供特殊教育论等多种具有针对性的实践类课程。

（五）建立高校教育和社区教育的学分互认制度

一般而言，学分由学习课程所需要的课内外时间折算所得。学分制实行后，不同机构间学生学习成果的流通效果会明显增强。以欧盟为例，欧盟地区的一些高校在构建并应用了学分认证及转换系统后，不同院校间实现了学分互认。在该系统的影响下，不同院校乃至不同国家之间学生的交流探讨也更加便利起来。在我国，浙江、江苏、上海三地通过暑假班计划、网络选课、校际交换生等项目推动了长江三角洲地区本科高校学分互认的实现，为教育活动的开展创造了便利。学分认证系统所针对的认定对象主要为学校教育系统中的教育教学成果，而非高校教育系统和社区教育系统的研究成果。本书研究的是高校教育与非高校教育的融合，因此，我们可以以构建"学分银行"信息服务平台为切入点，建立学历教育标准学分互认制与非学历教育学分折算互认制。

1.建立"学分银行"信息服务平台

制定"学分银行"制度，并依此构建"学分银行"信息服务平台。英国、美国、欧洲等多个国家与地区的高校建立了"学分银行"信息服务平台。该平台要求各教育机构向其系统中准确录入所有接受培训者的基本学分信息和培训信息，普通民众可通过该平台建立个人学习账户，录入自己的学习成果，下载需要的学习资料，查询学分积累情况，了解学习进度，及时获取和了解所在区域更新的教育制度政策，进行学分转换、学分认定、学位申请等。通过该平台，不同的教育机构之间可实现学历教育与非学历教育的学分认定和转换，加强学习者的流动性，为学习者提供更多学习和选择的机会，对学习内容进行科学合理的规划安排，有效提高学习者的学习效率。

2.建立学历教育标准学分互认制

学历教育是高校教育的重要教育类型，而社区教育类型包括但不限于学历教育。高校与社区应将学历教育作为教育融合的切入点，构建标准学分互认制度，促进学历教育的融合。社区中的学历教育主要由社区学院承担，社区学院"是唯一有资格成为社区学习系统的连接机构"。由此可以看出，社区学院与高校一样均是学历教育标准下实施学分互认制度的重要载体。社区学院负责的内容主要有成人教育、高等教育与职业教育等。为了使社区居民树立终身学习的意识，社区学院还承担着开展学历教育的职责；高校负责的内容主要有高等教育，继续教育以及成人教育。在教育内容方面，社区与高校都以实现学分互认为基本条件，双方相互协商，共同制定费用标准、课程标准、课程时长和学分标准，社区与高校的受教育者都可以通过相应的云学习平台选修对方学院的特色课程，以远程教育的形式进行学习。从长远发展的角度来看，在社区学院与高校开展学历教育的过程中，学分互认标准的制定、实施以及双向互认的建立是双方需要共同面对与解决的难点。

3.建立非学历教育学分折算互认制

高校与社区的教育职能还包括非学历教育，如社会实践活动、文化休闲类教育活动、高校教育培训活动、社区职业技能训练活动等。高校与社区可以通过学分折算的方式对双方联合开展的非学历教育活动进行学分互认。具体来看，高校与社区在政府的指导与见证下，签订学分银行"信息服务平台"，对标准的学分折算比例、折算方法、用于兑换产品与奖励以及获得相关学历证书的学分转换协议有明确的规定。

需要注意的是，非学历教育在学分认证时应考虑到学习者先前学习所取得的证书、奖励等成果，关注其先前学习的经历和方式，进行先前学习评价并转换成相应的学分，先前学习所取得的证书、奖励等成果的社会认可度、不同级别、课程教学内容的覆盖率等都是确定学分转换系数需考虑的因素。

第八章 现代社区教育的发展与创新

第一节 "互联网+"时代下社区教育工作的创新

一、"互联网+"的概念

"互联网+"最早是在2012年第五届移动互联网博览会上提出来的。国务院在2015年7月份发布了《关于推进"互联网+"行动的指导意见》，将"互联网+"的概念做了更深层面的解释："把互联网的创新成果与经济社会各领域深度融合，推动技术进步、效率提升和组织变革，提升实体经济创新力和生产力，形成更广泛的以互联网为基础设施和创新要素的经济社会发展新形态。"本节将从信息传播视角、经济转型视角和社会治理视角杂合三个视角来解读"互联网+"的概念。

（一）信息传播的视角

信息传播的传统模式由于出现互联网技术而被革新，此后，我们迎来了"互联网+"时代。互联网由于通信技术的发展与创新完成了从Web1.0向Web2.0的转变。Web2.0是一个集用户分享、信息聚合、平台开放、去中心化于一体的时代。所有人在"互联网+"时代都可以是信息传播源，信息传播不再是单向的，而是双向、多向传播，信息传播的方式发生了革命性的转变。

（二）经济转型的视角

"互联网+"的经济形态是传统产业和互联网的相互交融和深层合作。新的产品、模式和业态是由互联网结合不同方面的产业经过打通生产、服务、流通等孕育出来的，是对传统产业的内部优化与创新升级。"互联网+"与一切事物相结合，联通信息、资源孤岛，通过打破界限、共同合作与相互融合实现整体创新。

（三）社会治理的视角

"互联网+"推进了社会主义民主的进程。它使政府与社会、政府与企业、政府与公民之间的关系紧密结合，使不同群体都能参与政府的公共决策并进行反馈。政府的政务变得透明化，社会各层都可以对政府进行监督，提高了政府的服务能力。对社会治理来说，"互联网+"既给它带来了机会，也使社会治理带来了挑战。

二、"互联网+"社区教育的概念

对传统行业来说，"互联网+"的信息运转模式灵活、效率高、成本较低、绿色环保。对社区教育来说，"互联网+"打破了传统社区教育在时间和空间上的限制，改变了传递信息的方式，从单向到多向传播，具有"非中心化""无边界化"等特征。因此，"互联网+"有别于传统社区教育的地方在于"互联网+"打破了传统社区教育的边界，将接受教育的社区居民变为网络群体。这也使社区教育资源得到整合，由被分裂的信息"孤岛"通过相互连接变为一个整体，使信息更加系统和全面。在这种前提下，"互联网+"社区教育拓展了社区教育的范围，使社区教育的内涵变得饱满。让社区教育不再只限于社区，而成为更加开阔的，没有界限和地域限制的一种社会教育。

"互联网+"社区教育是一项综合性的教育活动，它将互联网的创新果实与社区教育深度结合，打破地域限制，将网络群体作为主要对象，对信息资源进行挖掘、联结和整合，意在让社区所有成员都能从中受益，使社区成员的综合素质和生活质量得到提高，并对社会的健康发展具有促进作用。

三、"互联网 +"时代下的社区教育创新

社区教育所面对的一些难题也会让我们忍不住思考社区教育发展的原动力是什么？实际上，传统社区教育生存发展所依赖的粗放型资源驱动型增长的方式，已经不能满足目前的需要，亟须创新驱动改变。随着全球化的不断深入和互联网的蒸蒸日上，在信息时代发生变革的背景下，传统的教育结构被"互联网 +"时代下的社区教育彻底改变。经过打破界限、相互融合与共同合作，"互联网 +"社区教育实现集体智能、集体创新，运用尊重和敬畏的理念重视人的创新表现，打造社区教育开放性生态，使社区教育发展突飞猛进。

（一）"互联网 +"时代下社区教育创新的必要性

1. 时代发展需要社区教育创新

"互联网 +"时代下社区教育的本质是将"互联网 +"的创新果实与社区教育结合，打破地域限制，将网络群体作为主要对象，开发、连接、整合所有社区资源，意在让社区成员受到正面影响，使社区成员的综合素质和生活质量得到改善，推进社区成员不断发展，且有利于社会自身健康发展。"

如果要提升社区居民素质和生活水平，推进社区可持续发展，就要利用互联网思维，使"互联网 +"的互动性、包容性、多元性等特点得到充分发挥。可以确定的是，社区教育工作正在向信息化和网络化的方向前行。

网络学习在"互联网 +"时代应运而生。技术的创新让人们的生活、学习和工作发生了很大的变化。以前人们只能在特定的范围和空间学习，而如今由于互联网的蓬勃发展，人们能在任何地点任何时间进行学习；以前的教育，模式是比较固定的，而如今教育正渐渐碎片化、微量化、快速化。

喜欢用移动客户端的群体正在不断增加，不受时空约束的学习已经常态化。因而，要积极适应互联网和这种技术革命对学习模式和学习形态带来的改变，为居民提供高质量的个性教育服务是时代发展的必然趋势。

2. 终身教育需要社区教育创新

20 世纪 90 年代，联合国教科文组织发表了关于教育的多项专著，经过大量的研究，提出终身教育是使人类智慧提升的关键途径，也是打开 21 世纪大门的钥匙，明晰了人类教育的四大必要支柱，即学会认知，学会做事，学会共同生活，学会生存，这在终身教育体系中至关重要。在此期间，联合国教科文组织指出构建"无边界的教育制度"至关重要。

《教育：财富蕴藏其中》中提到终身教育这一理想并不遥远，它是经过教育需求变革，经过不断强化，在纷乱的处境中逐渐形成的一种现实。所有居民都能在所处社区的环境中学习，整个社区都要对居民的教育认真负责。

社区教育是整个终身教育体系中的基础，在社区教育中必不可少，它肩负着构建学习型社会的重任——为社区成员终身学习提供良好的条件和环境，促进社区教育的同时推进社区的发展。社区教育作为终身教育体系中的一个路线，必然要进行变革、创新，打破时空和资源的限制，让社区成员拥有终身学习的机会。

（二）"互联网 +" 时代下社区教育的创新

1. 教育理念创新

由于网络媒体发展迅速，部分传统媒体的功能被网络这种新型网络媒体所取代，社区教育的媒体环境出现了较大改变。网络媒体增强了人类生存和发展之间的关系，人们大多都在网络上获取信息且在网络上聚集。但是，社区教育的理念在很大程度上不及技术和社会的发展，所以迫切需要做出改变。

（1）去中心化理念。"互联网 +"由于其"多点对多点"的高效传播模式对社区教育造成了冲击，也正因为这种模式让网络媒体环境具有了两个明显特征，即多中心化和非中心化特征。社区教育在传统理念下一般是以"点对面"的中心化方式传播信息。从教育方式层面看，这种模式要求在日常教育活动中，把核心教学组和教师作为课堂教育的重点，把居民视作对象，实现主流价值观的单向传递。

由于互联网的发展，居民能够在网络上搜索和学习所需信息，无须走进课堂也能学习。

居民在此期间成为以自我为中心的新型学习者。通过"多点对多点"的高效传播方式，渐渐消释了教师在教育方式上所占据的中心位置。由于"互联网+"的蓬勃发展，所以社区教育的意识实现了从被动到主动、从主导到引导、从灌输到互动等的巨大转变。

（2）分享的理念。居民在"互联网+"时代背景下参加社区教育的学习分为诱发注意、激发兴趣、搜寻服务、乐于参与、积极分享五个阶段。

"互联网+"社区教育有别于传统社区教育的一个主要方面就是"积极分享"。这是因为新一代技术发展迅猛，居民能够自由地分享知识、经验和感悟，由此居民成为信息传播源。社区教育模式在"互联网+"进行重构的前提下，强调以"自我为中心"，主要突出居民对信息的获取、分享等环节。随着居民自发地进行搜索、分享等行为的常态化，社区教育信息将以"网络社群"为中心，采用整合和扩散的方式，使之产生翻倍的传播效果。由此，居民能更加方便地获得由其他居民所提供的信息以及包含分享形式在内的社区教育资源信息。

2. 教学模式创新

传统的社区教育服务主要为被动服务，带有滞后性的特点，通常提前确认教育内容、课程时间，发放给居民相应的学习资料，在选取和设计社区教育的课程大都需要较长时间。一般在居民对社区教育提出要求之后社区教育工作人员工作繁忙且无法在短时间内对居民的要求提供相应的服务。久而久之，社区工作人员会感到枯燥乏味，从而丧失对工作的积极性。社区教育理念在"互联网+"时代背景下经过变革之后，使得教学模式变得面目一新。

（1）以居民为中心，发挥居民能动性。社区教育在"互联网+"时代下的授课方式由"以教师为主体"转变为"以居民为主体"，可以多角度、个性化、长效性地服务于居民。教师的作用从主要指导者变成了居民的辅助者，居民不再局限于教师在课堂上的知识灌输，同时，把居民当作主体的社区教育服务将不再局限于结业前，在结业之后也在进行，做到切实保障居民终身学习。

（2）发挥网络社群的作用，实现分层分类教学。因随意性较大导致社区教育的管理较为混乱。首先，社区居民因为爱好和思想的不同在"互联网+"时代被自动分类，多以社群形式存在。居民不是属于某个社群就是在寻找兴趣社群。"网络社群"成为居民在社区教育学习时的自然分类。其次，不同的社群需求让社区教育自然分层。由于信息、资源不同，导致社群中的居民地位和需求也有所不同，即社群相同而需求不同导致社区教育自然分层。通过解析不同层次不同类别的"网络社群"，"互联网＋"社区教育可以对其实行层次分明的教学。

（3）发挥学习情境的效用，主动超越需求。传统社区教育观往往只考虑是否能满足居民功能性的需求，不经分析随意为居民提供课程，只能满足居民对其功能方面的要求而不能满足居民沉浸式的需求，无法带动居民学习的积极性。而"互联网＋"时代下的社区教育则通过情境这个维度进行课程主体的设计，根据居民学习情境来进行改善，拓展社区教育，使社区教育不再只关注功能，而且还关注居民沉浸式的体验。

3. 学习模式创新

互联网之所以能够使居民进行互动交流以及对社区课程进行评价和讨论，是因为互联网效率高、可互动、内容综合以及使用方便，及时分享能够增加居民对教育类型方面的选择，从而改变社区教育资源生产方式和居民的学习方式。

（1）互动式学习。居民在传统模式的社区教育活动中属于被动接受，在多方面要素的限制下，社区教育供给不能全方位地满足人们日渐增长的个性化需求。但在"互联网＋"时代下，一方面，互联网为社区教育资源搭建了一个互动平台，具有便携和实用的特性，供给方和需求方能够直接交流，大大提高了社区教育资源的流通性；另一方面，"互联网＋"时代也能满足人们的个性化需求。居民能将自身需求跟供给者相互交流，使其参与到设计与开发中。方便资源供给者了解居民个性化需求，提高教育服务的针对性。"互联网＋"使社区教育建立了资源需求者与供给者的直接互动联系平台，满足了居民的个性化需求，使得居民需求成为社区教育中的重点。

（2）体验式学习。由于"互联网＋"的发展，社区教育资源的共享和传播不只在社区。居民个人、企业单位组织团体以及政府之间也能进行更方便地协调和配合。从交互层面看，使用网络媒介让居民交流起来更加方便。在网络环境中的居民能通过使用各式各样的交互工具帮助建立良好关系，促进社区和谐发展。从体验层面来看，"互联网＋"让居民有了更多自主的权利。他们将慢慢地习惯和适应这种相当敏捷且覆盖面广的社区教育模式。这使传统的社区教育不再被以满足居民需求为指向的功效性定位所限制，而是进入了一个新阶段——超过居民的需求并不断创造出新需求，此阶段中带有的沉浸式体验使社区增添了活力。因此，"互联网+"社区教育立足联通思想，构建相应情境，积极赋予居民参与权，同时引进相互帮助的服务模式和对资源有力的解构，使那些对居民有利的知识能不受约束地归纳到社区教育生态体系中。

（3）自由式学习。"互联网+"时代下的社区教育相较于传统社区教育，打破了时空和地理的限制，产生了一种自由的社区教育模式。首先，打破了资源的限制。由于"互联网+"的发展蒸蒸日上，增加了许多资源，政府不再是提供社区教育资源的单一主体。社区以跨界协作方式在"互联网+"时代达成了对现有教育资源的整合，建立完善的配套制度，大力宣传规模化、节约化的公共服务模式，将单一社区的资源转化为多方位社区的资源，使每位社会成员都能成为社区教育资源的提供者。这使社区教育有了充分的资源以满足居民个性化的需求。其次，打破了空间的限制。社区教育的规模随互联网的全球化而不断拓展，居民能打破地域的限制，在任何地点参加社区教育。最后，打破了时间的限制。通过互联网，居民能随时学习。由于社区教育资源的流动性强且不受时空约束，所以大大提升了居民的参与感和获取信息的速度。

4. 资源共享创新

社区教育需要大量资源的支撑。"互联网+"可以将社区与社区连接起来，跨越边界与各种角色同心协力，对闲置资源进行有力整合，突破资源封闭的障碍，使社区教育资源相互流通，达到资源的有效利用。

（1）明确社区"连接者"的角色。与机构间建立联系的中间方、代理方称为"连接者"。在一些社区教育过程中，"连接者"创新教育资源供给途径的必要条件是完成了"连接"的任务。"连接者"在关键方面要积极与社会各界合作，使社会群体从分散到整合，归纳到同一个社区教育服务平台中，使资源体系一体化。实现多样性且高效率的社区教育服务要求社区教育资源建设不仅要多方面、多角度，还要注意资源的实用性和针对性。

（2）提高社区公共管理能力。社区要厘清领域之间的合作关系，搞清楚社区教育体系中不同主体的功能定位，为不同的组织分配不同的任务。社区作为"连接者"，主要任务是将不同利益群体进行有机整合，包括平均分配纵向力量与横向力量，调解正式与非正式之间的关系，剖析具体项目的成本与风险。

（3）构建共享机制。学习国际方面对枢纽型组织的建设和对共享机制的建立。在某个领域率领、集结同一类利益群体一同发展的组织叫枢纽型组织，体现为以某类利益群体为代表的行业型社会组织。比如说行业协会。

社区与枢纽型组织的相关特性相符合，同时具有合法性、代表性、和示范性。因为社区的背景包含公共组织，使它很容易得到政府的扶持，通过整合各种社会资源，建设支持纵向业务指导和横向资源流通的优秀网络体系。因而，要借助和参照枢纽型组织平台开放、分类管理、分级负责、行业自律等制度建设经验，以施展聚拢、整合、联动的枢纽效果。

5. 评价体系创新

"互联网+"的社区教育评价创新是指以创新理念为指导，对目前社区教育评价进行调整和变革，完善社区教育评价体系，可通过以下两种方式进行。

（1）构建多维评价体系。由于社区教育是复杂的多个因素交织而成的社会活动，所以很难进行细致的描述。对居民来说，社区教育使个人获得终身教育的权利，对社会教育很重要；对社区来说，社区教育使居民提升了自我管理水平，在整个社区体系中必不可少；对政府来说，社区教育有利于构建和谐型社会，对全民素质的提升、维持社会稳定和保障地区安定有重要作用。多维的社区教育离不开多维的评价体系，建设社区教育多方位的评价体系需要政府、居民等社会各方面的参与。社区教育在"互联网+"的作用下能搭建多维的评价平台，让评价更简单。通过手指点击屏幕就能使社区教育评价数据显示出来，也方便数据的保存和管理。

多维评价机制的形成，也包含社会各界的意见以及社会、经济、文化、教育等多方面的价值标准，有效体现出"互联网+"社会教育对象范围广、内容丰富具体、形式多种多样的特点。

（2）建立有效评价指标体系。为不同情况的社区教育对象建立标准的评价指标体系不是易事。首先，由于地区不同，社区教育在发展程度上也有所不同，比如说中心区和偏远地区的社区教育发展程度不同，以及区域不同导致教育的侧重点不同，所以，不同发展程度的社区教育需要使用不同的评价体系。其次，社区教育发展的实际状况不能用静态的量化指标来衡量，会削弱各个社区对教育活动开展的积极性，影响社区教育健康发展。最后，"互联网＋"时代下的社区教育服务对象已经变成庞大的社群人员而不仅仅是辖区内的居民。所以，考虑到评价的全面性，要综合很多方面，而不是只从社区发展的角度考虑。综上，我们要在建设社区教育评价指标体系中，思考以下三个方面：第一，使用弹性评价指标。由于各地社区教育存在差异，在建设评价指标体系中，有机融合硬性指标和弹性指标。用硬性指标检测关键处，用弹性指标检测非关键处。第二，引入恰当的发展性评价指标。引进动态、发展性的指标进行考量，不局限于静态考量，以保障社区教育持续发展。第三，确立信息化评价标准。因为社区教育共享是"互联网＋"时代下的大趋势，因此要求社区教育评价对社区教育数据和内容呈现的规范化有促进作用，能用自身带有的可拓展性和开放性访问不同的终端和链接不同级别网站数据和资源。

6. 管理机制创新

"互联网＋"时代下社区教育管理角度下的政府正在发生革命性的改变，就是在社区教育资源条件一定的情况下对资源配置进行合理分配，提高社区教育的整体水平。

（1）加强顶层设计。社区教育既属于终身教育又是建设学习型社会的有机组成部分，是一项具有重要意义的公共服务。因此，通过对全局的分析，加强顶层设计，可以使社区教育管理更加井然有序。因为社区教育的关键目标是促进人和社会的融洽与发展。要使社区教育在社会发展中的效用发挥至最大，就要以国家整体发展为参照，全面认识社区教育的运作机制并实行有效的策略。

（2）建立多元共治机制。社区教育在"互联网＋"时代下以社群为基础而并非以地域为基础，它不受地区或地域的限制，具有便携灵活和虚拟的优势。同时，企业、社会等作为主体对公共事务的重视程度也有了一定的提升。各个组织部门的合作整治使多元化的主体对社会教育得到有效开展。发挥多主体合作共赢的作用，离不开以下几个方面：一是要坚守科学的社区教育管理理念和坚持与时代同频的原则。各部门政府要积极创新管理理念，利用现有的管理资源和技术，与其他社会组织共同建立多元共治的体系，使社区教育公共管理决策和政府管理方面的能力得到有效发挥。二是积极采纳居民对社会教育提出的建议并作出相应的改变，使信息渠道高效化。交流途径不断完善是使社区教育各种利益诉求得到反馈和使各个职能部门高效率工作的前提。

（3）推行扁平化管理。社区教育的可持续发展和社区管理有效整治的关键是实行社区教育扁平化管理。社区教育扁平化管理是一种以高效率和科学为前提简化管理机制和归纳管理程序，可以使决策组织和执行组织的目的达成一致，进一步提升了执行社区教育政策的可行性。社区教育管理应主动按照扁平化的方向发展。

对社区教育管理实行扁平化管理，不但能打破之前的限制，使管理资源得到拓展、增加服务模式，而且还能解决社区教育管理体系的断层问题，使网络与现实之间的社区教育进行衔接且能共享信息资源、保证集约管理效益的最大化。

第二节　基于新媒体的社区教育发展策略探索

如今，以物联网、人工智能、云计算、大数据等为代表的信息技术的快速发展为社区教育中的新媒体智能教学提供了技术基础。这是潮流，是挑战，也是机遇。面对全球范围内新媒体快速发展的宏观背景，透视我国社区教育发展中出现的变化与挑战，在探寻内在和外在原因的基础上，从多个方面进行宏观调适，以促进新媒体视角下社区教育的完善与发展。

一、强化以人为本，实现工具理性与价值理性的统一

工具理性与价值理性的探讨，自产生以来就吸引着哲学家的关注，一直争论不休。新媒体，作为一种新技术，给社区教育带来了一定的便利与高效，但也导致了居民之间沟通的障碍，使得人与人之间越来越难以理解和沟通。新媒体视角下社区教育如何在保持价值轨道的同时，适当借助工具理性之力，成为首要探讨的问题。

（一）回归以人为本，实现工具理性与价值理性的融合

现如今，科技的进步带来社会的变革。在万物互联的时代背景下，互联网新媒体已经成为推动整个社会发展不可或缺的力量。诚然，社区教育在未来的发展离不开新媒体的支持，但这并不意味着就要一味追求技术的先进，而忽略其终极诉求。教育是为了生存和更美好的生活，社区教育以人的社会化为基点，以社区发展为归宿，只有回归"以人为本"的初心，关注人们心灵的相依共存，社区教育的发展才能实现工具理性与价值理性的整合，走向社区的和谐共生。一方面，要充分运用新媒体"以人为本"的优势，[①] 通过技术的丰富与完善提升社区教育课程的美好体验，提升社区全体民众的媒体素养，把社区建设成一个集科技与人文于一身、融教育与关怀为一体的智慧社区。另一方面，要创设一个人性化的新媒体学习环境，保证开放便捷的同时，考虑到全体社区成员的可操作性，简化新媒体学习操作流程，让人人都有机会参与新媒体学习体验，同时又不为技术所累，实现工具理性与价值理性的融合。

（二）协调虚实关系，实现工具理性服务于价值理性

工具理性与价值理性，是一种"相依共存"的关系，工具理性致力技术支持，不断满足和增强人类的物质需求。在社区教育的实践中，以价值指导技术则积极有效，若工具凌驾于价值之上将适得其反。新媒体永远都是以一种辅助手段的形式而存在，它无法也不可能替代面对面的教育形式，作为一种理性工具，它通常发挥的是激发兴趣或是扩大传播的作用，如上海市长宁区社区教育学院的学习体验基地，就是借助新媒体的形式，激发市民对新课程的学习兴趣；各地终身学习网则是以网络新媒体视频来扩大课程影响力。社区教育如果失去了价值理性的引领，在线学习成为主要途径，取代面对面教育，那么教育便会沦为工具的奴役。因此，在未来发展中，必须厘清两种理性的关系，以新媒体为手段，将线上线下相结合，实现工具理性服务于价值理性。

---

① 李晓飞.信息化社区教育的探索[J].电化教育研究，2003（12）：5.

（三）摆脱技术至上，缩小人与人心灵的距离

近年来，随着信息技术的飞速发展，各种媒体迅速崛起。教师在教育中越来越频繁地依赖于多媒体课件，对于新媒体的运用似乎变成了现代教育的代名词。夸美纽斯在他的《大教学论》的扉页指出，教学的艺术是把一些知识教给一切人的艺术，彻底地懂得科学，纯于德行，习于虔敬。当前，学会求知、学会做事、学会共处、学会做人也将被赋予新的时代内涵。社区民众最需要的知识形态是什么，如何实现人机互动？成为不得不思索的问题。虽然新媒体在社区教育中的应用切实缩短了人与人在物理空间中的距离，但倘若没有内心的情感相依，再便捷的媒体工具也会使人心逐渐淡漠。因此，新媒体视域下的社区教育，要通过人机互动促进实际交流，充分发挥新媒体强大的媒介互动功能，让技术为新媒体社区教育架起服务桥梁，编织人与人之间交流的丝带。

二、打造内容丰实、系统完备的新媒体特色课程

新媒体视域下社区教育的发展离不开新媒体资源的支持。新媒体课程资源的开发，绝不仅仅是数量规模问题。从内容到形式都会有很多新的变化，特别是面对课程设计随意化、课程内容不系统、优质课程资源缺乏等问题，打造内容丰实、系统完备的新媒体特色课程就成为当务之急。

（一）量体裁衣，加强社区居民需求调查

教育事业的人性化发展离不开技术的迭代，在满足社区居民个性化需求上，新媒体具有天然的优势：一方面，市民可以根据自己的学习需求，登录学习平台自主选择课程；另一方面，借助大数据、云计算等新技术，社区管理者可以准确跟踪学习者的学习动态，了解其学习兴趣与情绪，进而提供相关课程，更好地契合每个人的发展。除此之外，在媒体技术的支持下，收集、分析居民的喜好、课程偏向等数据都可以通过网络来完成。对于这些社区大数据的研究有助于发现社区教育与居民需求间的关系，从而发现需要改进的方面，进而推进社区教育建设。

（二）开拓创新，打造社区精品课程体系

新媒体时代探索社区教育品牌，需要以课程体系为导向、以区域文化为内容，依据新媒体平台这一传播媒介为载体，开发宣传精品课程。首先，在零碎的学习内容之间寻找连接点，以区域文化为依托，整合为完整的主题课程；其次，根据社区用户需求，将学习网站的课程分门别类归置好，让居民能够通过预览辨别课程类型，打造科学的社区教育课程体系；最后，线上线下相结合，开发视听结合、体验参与的新媒体特色课程。

（三）因地制宜，挖掘地域传统文化特色

传播像条鱼，生存于环境之水。面向广大群众开放的社区教育是一个充分开放的社会系统，和社会的联系极为密切，受众也容易受到社会因素的影响。徐特立先生认为："最原始的、最基本的、最唯物的教材，就是乡土教材。"[①] 区域文化资源经过深入挖掘能够转化为社区教育专业课程，满足特色课程的"特色"内涵。互联网新媒体兼容并包，在挑战文化传承的同时，也赐予了其在新时代重新焕发生机的机遇。作为校外教育，社区教育可以为所有年龄段的人群提供教育机会，而网络新媒体则能够以自身丰富的技术形态对传统文化进行创新，并以其强大的辐射力将传统文化推向更广的世界，让越来越多的民众了解它、学习它、崇尚它并传承它。首先，可以组织力量编写区域文化教材，并把教材送往各个社区；其次，要求专业人士运用新媒体技术发展传统文化在线体验，宣传推广传统文化特色课程，诸如故宫博物院的"虚拟紫禁城"项目，参观者可以在不去北京的情况下充分了解和感受故宫文化；再次，整合各社区开设的地域传统文化特色课程，精选优秀内容上传至学习平台，既有助于当地教学师资的社区学习，也能促进地域特色文化的推广展示；最后，还可以借助社区的 LED（发光二极管）屏幕、公共场所电视等播放传统文化宣传片，塑造社区传统文化课程的优良氛围。

---

① 许伟．从三维目标到核心素养：给历史教师的 101 条新建议 [M].南京：南京师范大学出版社，2019：134.

三、完善新媒体视域下社区教育的资源服务建设

从引进多种新媒体教学模式、教师组织队伍建设、开发整合教育公共资源以及搭建社区新媒体学习服务平台这四个方面的策略，推进新媒体视角下社区教育健康发展。

（一）引进多种新媒体教学模式

新媒体的基本技术特征是数字化，基本传播特征是互动性，作为一个形态多样的学习平台，可以为人们提供个性化教学。在新媒体助力下，社区教育模式不断得到丰富，出现各种新兴的方式与途径。其中除去传统的依托新媒体课件为主的教育模式之外，还可以运用以慕课、微课程为主的在线视频课程教学和以雨课堂、云视课堂为主的在线互动教育模式等类型。前者主要通过社区学习者观看视频自主探索学习来完成，无需教师指导，后者则是以在线授课、即时互动的形式——教师在线授课，学习者同步学习，双方可以进行即时互动。除此之外，移动学习、依托电大开展的社区教育与虚拟体验学习等也应提上日程。

1. 基于慕课和微课程的在线视频课程教学

慕课（Massive Open Online Courses，MOOC）是近年来教育领域出现的一种新型课程模式，意为"大规模网络开放课程"，具有开放性、大规模、自组织、社会性等特点。面对社区教育学习者广泛而强烈的学习需求，慕课的在线教育模式、大规模性、免费开放性以及无限制准入性都与其不谋而合，能够满足社区成千上万居民多样化的学习需求。微课程，本质上是以微视频为载体，针对某一教学内容开发的视频课程，优势在于短小精悍，可以快速传播分享。从社区学习者角度来看，慕课与微课程都是社区居民进行自主学习的基本途径，只要拥有一部手机，居民可随时随地进行自主学习。

2. 基于雨课堂、云视课堂的在线互动教育模式

雨课堂是一种针对课堂互动永不下线的新型教学模式，它通过在幻灯片和微信中嵌入复杂的新媒体技术，保持师生课前、课上、课后的连接与互动。云视课堂是上海市上宁区社区学院利用技术自主开发，将社区教育授课现场呈现在云端，学习者可以通过在线加入的形式进入云端

课堂，共享社区教育优质资源，并使不在同一空间的教师跟学员可以即时互动。这样既可以避免个人在线学习的短板，又保留了面授课程的优势，有效地将线上和线下教育活动结合起来。同时，对于一些高质量的公开教学课程，全程进行视频录制，做成优秀课件纳入学习平台，使学员能在任何时间和地点进行点播和学习。在未来的发展中，社区教育与新媒体的结合都将朝向一对多、无中心、可移动、云服务、大数据这一趋势发展，既保证学习者可以实时有效参与，又不至于像面对智能工具观看课程一样无味。

3. 新媒体移动学习模式

社区移动学习是指以社区居民为主要学习对象，由区域终身教育主管部门提供主要学习资源，依托区域专门的移动学习平台而开展的学习活动。目前支持移动学习的设备主要包括智能手机和便携式电子产品。新媒体视域下社区教育的开展要想发挥移动学习的优势，首先就要为社区居民提供广泛覆盖的无线网络，开发和建立社区移动学习平台，包括社区教育 App、微信公众号、微博号，比如徐汇社区为居民提供的微信公众平台、手机学习资源推送服务等。其次，提升社区居民的移动学习能力。移动学习具有易操作、便捷性等优势，但有些社区成员尚未具备这种信息化学习的能力，因此，社区必须加强相关培训，提升受众的信息化素养与学习能力，为移动学习的开展打好基础。当然，无论任何时候，移动学习都只能是作为一种辅助形式，融于传统社区教育与在线学习中。

4. 广播电视大学与社区教育融合模式

广播电视大学在社区教育开展方面与普通高校和其他教育机构相比，具有天时地利的优势，不仅拥有现代化技术手段，还具备丰富远程教育经验与专业知识的师资队伍。新媒体视域下的社区教育，可以借助广播电视大学的优势，构建社区教育网络体系，整合社区各类教育资源，建立社区教育服务体系。长春广播电视大学开发打造"i- 阅读"实验室，并结合相关微信平台、移动图书馆 App、电子借阅等进行完善，实现线上与线下的实时交互，为社区学习者提供服务。

5. 虚拟体验学习模式

体验学习的种类多种多样，大致可分为直接体验和虚拟体验两种。

新媒体、新技术的发展为虚拟体验学习提供了技术支撑。社区教育可以借助新技术，设计交互体验式学习情境，让居民在家也能体验到真实的学习情境，参与学习。比如上海长宁区社区学院筹建中的数字化体验学习，涉及 3D（三维）老洋房、国外旅游资源、网上 3D 插花课程以及地震消防模拟类、英语口语练习等，这些虚拟体验课程可以通过虚拟现实（Virtual Reality，VR）技术创设网络情境创设，让学习者身临其境，在情境中了解文化、学习技能、陶冶情操。

（二）建设教师组织队伍

在新媒体视域下社区教育的开展中，师资匮乏问题的解决需依赖于教师组织队伍建设。首先，丰富教师组织队伍人才构成，其中既要有社区教育的专职管理人员，又要有专门负责新媒体学习平台开发的专业技术人员，相关的宣传推广和学习培训指导人员也必不可少。其次，开发社区人力资源，挖掘潜在的技术力量，将既有专业技术特长又乐于服务社区教育的人才纳入，建立健全社区教育新媒体课程教师队伍。比如上海成立了"上海社区教育实用电脑专题联合教研室"，将全市社区教育系统的优秀计算机课程师资集中到一个平台，陆续开发了"网络与生活""移动学习与智慧生活"等课程。再次，广纳贤才，更新专业教师队伍。社区教育的专业发展离不开专业人才。新媒体视域下，社区教育应敞开门路，招聘一批年轻化、专业化的社区教师，他们不仅具有开展社区教育的专业基础，应用新媒体的能力也相对较强，还能给社区教育带来新的思想和活力。新生力量的专业、技术、思想与年长教师的经验相结合，可以使社区教育保持初心，更好地发挥新媒体的辅助作用。最后，招募志愿者，并对其进行相应的新媒体技术操作培训，使之具有基本的新媒体运用能力，可以在社区中宣传推广，指导社区成员进行新媒体学习，进而推动全员参与社区教育。

（三）开发整合教育公共资源

社区教育资源既包括开展社区教育所需的专业师资和必备的课程资源。课程作为保证社区教育可持续发展的一项软资源，应从以下几个方面着力。首先，提升课程资源质量。具体可以从三个方面出发：一是要鼓励社区教育者开发特色课程，将零碎化的教育内容汇集成有体系、有创新的社区教育课程；二是提高对在线课程的审核，可以先进行试验性投入，及时听取社区居民反馈，改进提升后再进行大范围推广；三是共享优质课程资源，比如利用全国数字化社区教育联盟这一平台，上传一个原创课程，便能获得其他社区 10 个课程，实现课程资源的充分利用。其次，整合社区可用资源。一要发挥当地教育科研单位、中高等学校、广播电视大学的作用，共享图书文本、课程课件、师资等优质资源。二要搭建一个将社区机构、区域企业、各类社会组织聚为一体的社区教育新媒体资源平台，建设优质资源共享体系。

（四）搭建社区新媒体学习服务平台

随着新媒体的迅速发展，各种各样的互联网服务平台已经建立起来，许多网站、软件或多或少可以提供一定的学习功能。然而，对于想要接受实质性教育的社区居民来说，这是远远不够的。社区应当为其搭建学习平台，提供一站式服务。

作为社区教育的一种形式，社区教育学习平台的建立不是一个单一的过程，而应该是与线下交流相互结合、相互促进的过程。因此，可通过以下几个方面展开：第一，切实发挥技术力量，搭建便民学习平台，并实现其共享功能。具体可以在社区进行实地教学授课时，借助新媒体力量录制教学过程，包括教师教学及现场出现的一些问题解决等全部内容都录制下来，后期剪辑后上传至学习平台，这样既能满足社区成员回看，也能让其他社区感兴趣的成员共享。第二，寻求外援技术支持，比如寻求区域信息技术公司的帮助、借用广播电视大学的学习设备等，这些外援都具有较强的技术优势，能够提供先进服务，保证平台运行顺畅。第三，保证平台的交流互动优势，在每一门课程后添加相应的互动讨论区，社区成员可以发布自己的学习成果或者创意，其他成员也能参与讨论，由线上吸引力带动线下交流，真正实现新媒体对社区教育的助力，实现社区教育守望相助、生命成长的内在要求。

四、建立融合的、人性化的评价机制

评价是学习的组成部分，真正有效且可靠的评价，要能够提供及时的反馈，并使得管理者可以据此进行调整和改进。新媒体视域下，社区教育评价具有评价时空不受限制、反馈及时、形式多样等优势。但在具体的评价过程中如何开展，依然是个值得探讨的问题。本节主要抓住评价主体、评价流程、评价内容与评价方法四个层面，来建构有效、人性化的评价机制。

（一）评价主体多元化

社区教育评价主体是指参与社区教育活动的组织和实施，并根据特定标准对其作出价值判断的个人或团体。合理确定评价主体是提升社区教育评价有效性的基础。在传统社区教育中，评价主体通常由政府部门担任，对社会和群众的反应明显不够。新媒体视域下，想要提升社区教育评价的有效性，必须保证评价主体的多元化。首先，可以依托新媒体技术在学习平台基础上增加反馈评价部分，社区成员可以随时在学习结束后就自身的学习体验进行反馈；其次，组建社区教育专家评价团队，该团队可由政府人员、教育部门相关管理成员、社区教育研究者、社区教育管理者以及群众代表组成，由他们共同作出评价，提供客观信息；再次，寻找权威的第三方评价机构，社区提出想了解的内容与问题，由专业评价机构对评价活动进行设计与实施，收集、分析数据并提交评价报告；最后，还可以通过社区之间的互相评价来共同进步。

（二）评价流程系统化

新媒体视域下的社区教育，虽然现在刚刚处于起步阶段，但在未来的发展中一定大有作为，因此在发展过程中，必须做好课程资源、服务平台、学习方式等方面的评价工作，使其能够实现长远的效益。要制定一套完整的新媒体社区教育评价体系，应从以下两个方面着手：其一，要对新媒体视域下的社区教育评价流程形成一个全面、系统的认知，即新媒体视域下的社区教育评价要关注到社区居民的学习情况、新媒体学习平台建设程度以及社区学习中的互动关系三个维度，建立一套涵盖需求调查、新媒体课程设计、学习资源建设、实践操作、运用推广等各方面的评价体系。其二，要处理好评价过程中多元、多层、多角度的评价关系，比如定量与定性、评价过程与评价结果等，同时精简评价过程，避免材料堆积，实现评价信息报送常态化、反馈及时化。[①]

（三）评价内容全面化

关于社区教育评价的内容，不同学者意见不一，无论何种，都应保证评价内容的全面性。第一，就新媒体视域下社区教育的评价，提出以下初拟指标：社区新媒体资源建设程度、学习平台建设支撑、社区在线学习支持服务、资源开发整合情况、居民个性需求满足程度以及社区整体发展状态。这些指标要贯彻在诊断性评价、形成性评价和总结性评价之中，保证社区教育活动开展前、中、后都有反馈与调整，为社区教育可持续发展奠定基础。第二，建立社区居民学习成果认证制度，对其参与的学习展开客观评价，激励学习积极性，促进居民持续学习。

（四）评价方法灵活化

评价方法是实施社区教育评价的具体形式和做法。新媒体视域下的社区教育评价应以独立性、可行性、高效性与可持续性为原则，在此基础上灵活运用各类评价方法。第一，可以建立社区教育评价的立体网络，将绝对评价法与相对评价法、定量分析与定性分析结合使用，同时考虑个体内差异评价法，以从横向、纵向同时保证评价的客观有效。第二，充分发挥新媒体优势，借助互联网对社区学习网站的访问流量及时长进行监控，并通过问卷形式了解学习者的学习体验，请专家评判学习平台的栏目设置与建设。第三，因地制宜制定评价指标，了解新媒体对社区教育发挥的作用并及时提供反馈，避免以东部地区标准评价西部地区的社区教育开展情况，或用同一指标评判不同类型的学习网站。最后，重点关注新媒体资源的运用，而不只是建设，同时要将动态指标考虑其中，保证学习资源能够满足群众的学习需求。

---

① 蔡敏 . 论教育评价的主体多元化 [J]. 教育研究与实验，2003（1）：21.

参考文献

[1] 沈光辉.转型发展中的社区教育问题研究 [M].北京：中央广播电视大学出版社，2016.

[2] 叶忠海，朱涛.社区教育学 [M].北京：高等教育出版社，2009.

[3] 郁建兴等.让社会运转起来 [M].北京：中国人民大学出版社，2012.

[4] 布迪厄，华康德.实践与反思：反思社会学导引 [M].李猛、李康，译.北京：中央编译出版社，998.

[5] 杜威.民主主义与教育 [M].王承绪，译.北京：人民教育出版社，1990.

[6] 联合国教科文组织国际教育发展委员会.学会生存——教育世界的今天和明天 [M].韦钰，译.北京：教育科学出版社，2000.

[7] 福格尔.第四次大觉醒及平等主义的未来 [M].王中华，刘红，译.北京：首都经济贸易大学出版社，2003.

[8] 吕达，周满生.当代外国教育改革著名文献（美国卷·第三册）[M].北京：人民教育出版社，2004.

[9] 俞可平.治理与善治 [M].北京：社会科学文献出版社，2000.

[10] 陈家刚.基层治理 [M].北京：中央编译出版社，2015.

[11] 茹宁，吴梦林.超越"工作场"：生活场所学习模式的兴起 [J].开放教育研究，2016（06）：119-126.

[12] 王霞.全面回归：社区教育的内涵解读 [J].教育理论与实践，2016，36（07）：12-15.

[13] 李佳萍，李天鹰.论中国特色社区教育 [J].学术探索，2013（10）：146.

[14] 陈乃林.促进公平：社区教育不可忽视的价值取向 [J].成才与就业，2013（19）：28.

[15] 沈光辉，蔡亮光.社区教育：从任务驱动到需求推动的转变——福州市居民社区教育认知度和学习需求调查研究分析报告 [J].现代远距离教育，2012（02）：22.

[16] 郭媛媛.社区学习共同体：社区教育发展的新途径 [J].人力资源管理，2015（07）：25-26.

[17] 于莎，李盛聪.成人终身学习能力建构的逻辑起点 [J].现代远程教育研究，2013（06）：77-84.

[18] 项秉健，汪国新.社区共同学习的生命价值 [J].职教论坛，2016（15）：70-75.

[19] 汪国新.社区教育：提升城乡居民的幸福力的有效路径 [J].中国成人教育，2014（16）：5-8.

[20] 李恒，欧庭宇.推进社区教育现代化 [J].成人教育，2017，37（02）：54-57.

[21] 陈欢.终身教育视角下的社区教育探究 [J].中国成人教育，2016（15）：147-149.

[22] 张蕾.职业教育与社区教育相融合的管理机制研究 [J].中国成人教育，2014（13）：38-40.

[23] 赵小段.社区教育"反哺"职业教育的路径分析——基于社会资本的视角 [J].中国成人教育，2017，37（03）：29-31.

[24] 邢贞良.终身教育理念下职业学校功能拓展空间分析 [J].中国职业技术教育，2017（03）：37-39.

[25] 俞可平.推进国家治理体系和治理能力现代化 [J].前线，2014（1）：5-8+13.

[26] 俞可平.经济全球化与治理的变迁 [J].哲学研究，2000（10）：17-24+79.

[27] 徐勇.论城市社区建设中的社区居民自治 [J].华中师范大学学报（人文社会科学版），2001（03）：5-13.

[28] 俞可平.中国公民社会研究的若干问题 [J].中共中央党校学报，2007（06）：14-22.

[29] 丁红玲.社区教育管理：从独善其身走向社会架构 [J].中国成人教育，2012（21）：13-16.

[30] 欧黎明，朱秦.社会协同治理：信任关系与平台建设 [J].中国行政管理，2009（05）：118-121.

[31] 朱鸿章.社区教育政策与公民学习权保障的研究 [D].上海：华东师范大学，2012.

[32] 张利萍.地方治理中的协同及其机制构建 [D].浙江：浙江大学，2013.